「いのちの授業」をもう一度

がんと向き合い、いのちを語り続けて

山田 泉
Yamada Izumi

高文研

子どもたち との日々

▲班でディスカッション。「もし誘われたら……どうする？」　〈朝日新聞社提供〉

〔写真上〕ビデオ教材をフルに使って授業。子どもたちのつぶやきを聞きながら。
〔左ページ〕パソコン室で薬物についての授業。Q＆Aに「ハイ！ハイ！」の挙手。

〈朝日新聞社提供〉

▲性について学ぶ保健集会のあと「ねえ、山ちゃん……」と相談が。

▲３年生の性教育の授業。「あなたの体はだれのもの？」　写真／高野　博（上も）

もくじ

第Ⅰ章　保健室に来る子どもたち

第Ⅱ章　山ちゃん流「生と性」の学習

第Ⅲ章　がんの宣告を受けて

装丁＝商業デザインセンター・松田 礼一
本文イラスト＝伊藤 和子

第Ⅰ章 保健室に来る子どもたち

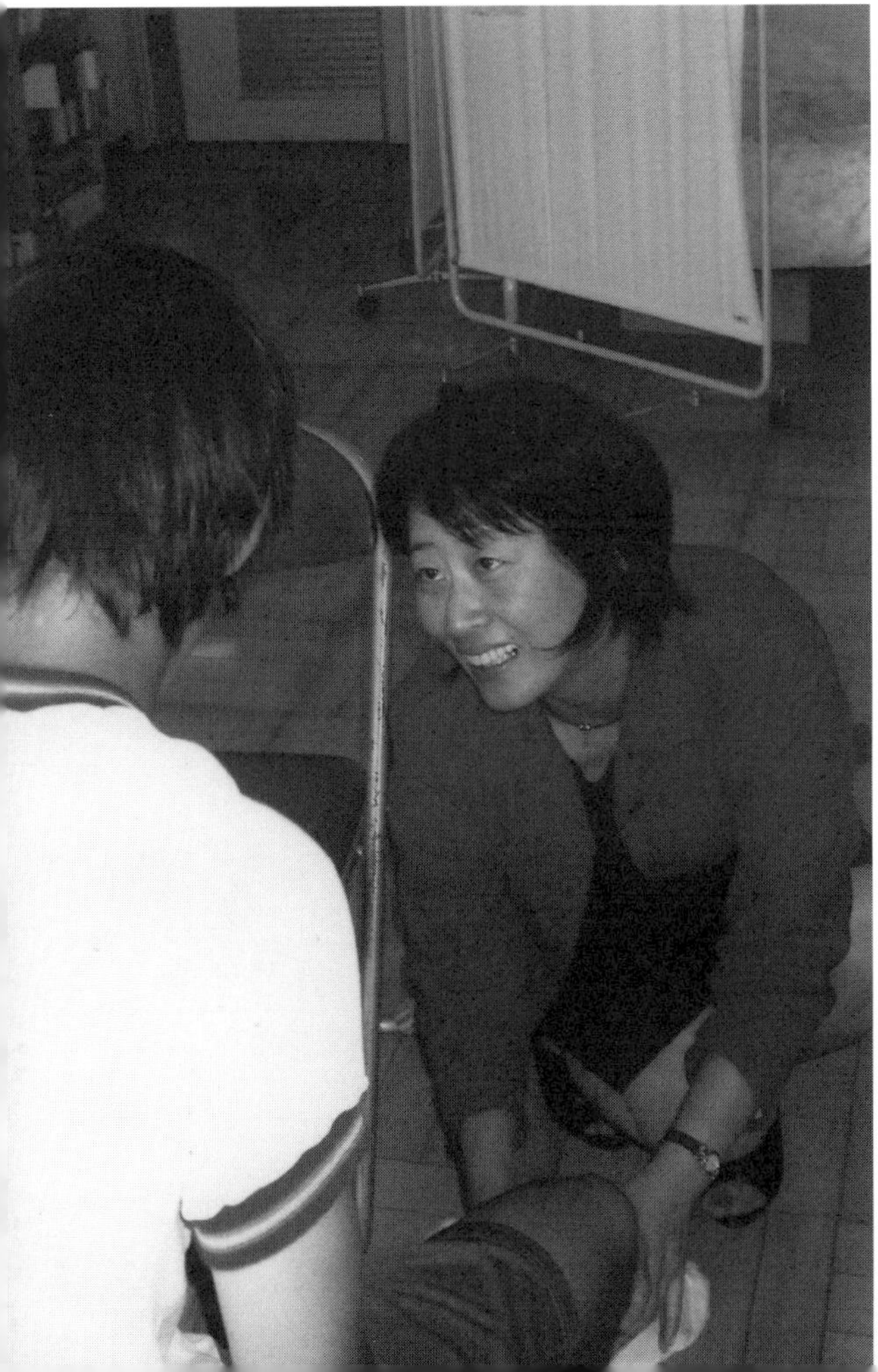

1

転入生がやってきた

この数年、山奥の小さな中学校に、次つぎと転入生がやってくる。昨年だけで五人。先週も一人東京からやってきた。しかも「親の仕事の都合で引っ越してきました」なんてのはいない。どの子どもも、み～んなワケアリでねぇ……。

彼は、数々の暴力事件を起こし、隣町の中学校から追い出されるようにしてやってきた。どっから見てもワルガキの秀樹くんは、登校初日から金色のネックレスとブレスレットをつけて保健室へ。アクセサリーなんて趣味の問題だから、とやかく言うこともないんだろうけど、周りの子どもたちがビビってねぇ……。気づいたらあたしは手を出していた。えっ？　殴ったのかって？　まさか！こうして手を伸ばしてひとこと言っただけ。

「それ、あたしが預かる。帰りに返すわ」ってね。

するとも意外なことに彼は、あっさりはずして、あたしに預けたのだ。あれ……？　よぅわからんやつだなぁ。でも、その日から毎日保健室に来て「腰が痛い」などと訴えるので指圧してあげたんだけど、よーく見ると、笑うと目が赤ちゃんみたいにかわいい。

そして、彼は……一週間もたたないうちに、万引き事件をやらかした。近くのスーパーで友達と二人でガムを三個パクったのだが、直接手を出したのは明くんのほうで、秀樹くんは見てるだけ、という感じだったとか。

でも、パクってからすぐにあたしにバレてしまったので二人とも「どーして？」とキョトンとしていた。えっ？　お店屋さんからの通報かって？　違うよ。子どもからのチクリだよ。

「山ちゃん。次の社会の授業の時、頭痛くなってちょっと行くから」

と春ちゃんが目で合図した時は、たいてい〝事件〟をキャッチしている。春ちゃんは体もでかいが、心もでっかいイイ女。

「ここだけの話なんだけど、明の様子がおかしいよ。秀樹が転校してきてから、パシリ（使い走りのこと）しているし、元気がない。あたしのカンなんだけど、秀樹、店でもらって（万引きする）いるよ。きのう、制服のポケットにガム入ってたし、あたしに《これ、もらった》って言ったから」

「ふーん。でもどうしてあんたに〝もらった話〟なんかするの？」

「あたしも前にパクったことあるからね、わかるんよ。あいつ、たぶん、カッコつけてんのよ。でも、あたしはもうやってないし、これからもやんないよ。あんときは親に迷惑かけたからねぇ」

「そうだったなぁ。ねえ、このあとどうやって調べたらいい？」

「山ちゃんが一人ずつ呼んで、尋ねてみてん。あたしの名前は出さんでほしいけど、どうしても出さないといけんかったら言ってもいいよ。あたしのクラスの男たちって、流されやすいし、秀樹のためにも、こういうことは早くケリつけたほうがいいと思って。じゃ、あと、頼むわ」


そこで、春ちゃんの言うとおりに秀樹くんと明くん、一人ずつ呼んで話を聞いてみた。はじめはずっと「やってない」「知らない」と言ってた二人が一〇分後には「やった」と言ったんだけど、そのあとが大変さ。

「どうか親には言わないでください！　今回限りにします。許してください」と懇願するのだ。

明くんは「親が教育委員だから、絶対困る」と言うし、秀樹くんはこう言った。

「センセイは知らんだろうけど、オレは、前の学校で事件を起こして学校にいられなくなったんで（知ってるさ！）。ここでまた事件にかかわっていたってバレると、親からめちゃくちゃ殴られる。オレの親はハンパじゃない。オレは小さいころからず～っと殴られて育ってきたんじゃ。こんどはホントに殺される！」

保健室の床の上に座って、頭をこすりつけて半泣き状態。びっくりしたなぁ。

こんな時、心やさしい山ちゃんは、「そう。じゃあ今回だけは秘密ネ♥」ナ〜ンテ言ったりしない。

「あんたたち考えが甘いね。あたしんちはお菓子屋さんなの。商売ってねえ、一個のガム売ってなんぼもうかると思ってんの？　一〇円二〇円のもうけで、いのちき（生活）している人の品物を〝クセになってるからもらった〟って？　そういうクセは早く直した方がいいよ。まず自分で親に言うて、店へ謝りに行くことやな。自分のやったことは自分で責任とるしかないで」

「オレ、本当に殴り殺されるかもしれん」

「そう……そりゃ大変やなぁ。中学生の子どもを殴って、いい子にしようなんて思っている親はバカタレじゃ。あたしが父ちゃんに文句言いに行こか？　そんなに怖い親なら離れて暮らせばいい。事情を話せば、あんたを預かってくれる場所があるから、考えてみんかい？」

「でも……今回だけは親に言わんでくれ。前の学校の先生も親には黙ってくれたよ」

「そういう問題じゃないってば。親に殴り殺されるかどうかってことも含めて、あんたの人生どう生きるか。自分の頭で考えてみい」

と言ったら、チャイムが鳴った。

それから話し合うこと二時間。

結局、二人とも決心し、その日の夜、担任が家庭訪問するという段取りにも彼らはＯＫした。校長さんには「今回はな～んも知らんという顔をして黙っていてほしい」と頼んだら、こう言ってたっけ。

「早くわかってよかったですね。秀樹くんはきっと立ち直りますよ。せっかくうちの学校に来てくれた子どもです。ここで卒業してもらいましょう」

あれから一年がたった。

小さな事件はいっぱい起こしてくれたけど、そのたびに春ちゃんたち女グループの目が光っており、子ども同士のトラブルはあっという間に解決してしまった。

やっかいだったのは、おとなとの関係。秀樹くんは、生徒指導の原田センセイとは特に合わなかった。秋の遠足の日、とうとう衝突して、彼はパニックになり、「だから学校のセンセイはきらいなんじゃ！　学校なんかどこも同じじゃ～！」と叫びまくった。駆けつけたあたしは、

「そうじゃ！　服装のことでガタガタ言うなー！　このＴシャツのどこが悪いんじゃ！」

とセンセイに抗議したので、翌日の職員会議でしっかり怒られた。

怒られると泣くクセのあるあたしは、保健室でオイオイ泣いていた。そこへやってきた秀樹くん、

「原田から怒られたんだって？　オレの父ちゃんヤクザだから、仕返ししてやろか？」

と慰めてくれたもんだ。

そんなことを繰り返しているうちに、いつの間にか事件も起きなくなって、今では楽しそうに学校へ来ている。そういえば光り物のネックレスも見なくなったなぁ。運動会でもマラソン大会でも大活躍したしネ。将来はカリスマ美容師になるのだと、はりきっている。そうそう、先月あった弁論大会で、彼はこんなことを言っていたっけ。

《この学校に来るまで、いろんなことがありました。でも、ここで、ぼくのことを本当に心配して怒ってくれる友達、困った時に助けてくれる大人にも出会えました。ありがとう》

2

「用もないのに保健室へ行くな」なんて言わんでおくれ

春です。眠たいです。ボーッとしています。新学期が始まったというのにエンジンがかかりません。なのに、もう五月になろうとしています。どうしよう……あせるなぁ……ま、いいか。なんとかなるさ。

休み時間になると、いつものようにいろいろな生徒がやってくる。

「山ちゃん、昨日、家の近くでたぬきと出会ったで」

「いのししと車がぶつかって車がへこんでたよー」

「俺んとこの鶏小屋に、てんがやってきて悪いことしたぞ」

こんなミニニュースを、ひととおり話してくれる。そして話し終えたら、「じゃあーまたー！」と言って、チャイムとともに教室へ帰って行く。このくらいの賑やかさは、私にはちょうど居心地がいいのだが、お堅いセンセイたちにとっては、気になる場所らしい。さっそく職員会議で、チクリと言われた。今年、転任してきた新顔センセイだ。

「こんな小規模校なのに、この学校は保健室へ行く生徒が多い！」

ってね。ちょっとだけ反論してみたが、無駄な抵抗だった。でも「用もないのに保健室へ行くな」とか簡単に言わんでおくれ。用があるから来てるんだぜー。

たぬきの話なんて、雑談と言えばただの雑談なのだが、こんな話をしながら一緒に笑っていると、見えない絆みたいなのができてくる。今日もそうだったな。あのとき一緒に笑っていた博巳くんが放課後フラリとやってきた。部活をちょっとぬけだしてやってきた博巳くん。ひとりごとのように、ポツリと言った。

「オレ、裕輔くんとうまくいかない」

「どんなふうに？」

「裕輔くんから、いっしょに登校しようって誘われるんだけど、本当はいっしょに行きたくない。祐くんは命令したりして強い言い方をする時があるから……。断りにくい。山ちゃんだったらどうする？」

「さあ、どうするかなあ……」

頼りない大人、あたしは、

「そりゃ困ったねえー」

なんて言いながら、一緒に考えてみる。しかし答えはたいていわからない。でも、ああでもない、こうでもないと話しているうちに、お互い何とかなりそうな気がして、

「じゃあ、また！」と、保健室を出て行く。

功くんの場合もそうだったなぁ。功くんはこのところ、ひとりぼっちみたい。グループからはずされているらしい。休み時間になるとスーッと保健室へやって来る。

「カットバンちょうだい」

いつもそう言う。しばらく椅子に座ってから、ため息をつく。

「どう？　学校は楽しいかい？」

「ぜーんぜん」

小規模校では、人数が少ないだけにいったんグループからはずされるといよいよ一人ぼっちになり、しんどい。他のグループには、なかなか入れないみたい。功くんは、休みの日に、親戚の赤ちゃんのおもりをするのが好きで、赤ちゃんのようすを話すときは本当に嬉しそうだ。でも学校の話となると表情が曇る。

「学校に行きたくないんだ」

「そう、家の人には話した？」

「この前お母さんに言った。学校を休みたいって。そしたら、休んでもいいよって言ってくれた。ホッとしたよ。行けと言われたらきつくて……」

「休みたいわけは話したかい？」

「いや、言っていないけど、お母さんは何かわかっているようなかんじ」

功くんは指を一つひとつ折って、こう言った。

「あと、一〇カ月……」

卒業まで我慢しようと思っているんだろう。

私は学級担任や、お母さんに功くんの様子を話した。二人とも彼がなんとなく元気がないのは気づいていたが、仲間はずれにあっていることは、知らなかったようだ。殴られるとか、ひどいことを言われるとか、そういういじわるではない。ある生徒の目線を気にして、つまり、いじわるのリーダーの目を気にして、まわりの者が功くんにかかわらないようにしているのだ。じわーっと一人にされるというやつだ。こういういじわるもやっかいだ。今日、グループの一人に尋ねてみた。

「功くんのことだけど、この頃元気ないね。よく一人でいるよ。この前までは政和くんがはずされていたのに、今度は功くんかい？　なんとかならんのかい」

するとと、彼はこう言った。

「俺だって一人にされたことがある」

功くんと入れ代わるように恭平くんがやって来た。彼は自称ツッパリくんだ。実際は、どうみてもツッパっているようには見えない。本当は恥ずかしがり屋で、照れ屋さんなのだが正体を隠そうと思って、あんなに表情を堅くしているんだと思う。集団の中では、ニコリとも笑わないような、強そうな生徒だが、時どき一人で保健室へやって来ることがある。先日、こんな話をしていた。

「うちのクラス、けっこう勉強するんだ。このごろだんだん頑張ってきてなー。テストの前なんかすげえ。この前、ちょっといやなことがあったよ。わからん問題があったのでテストの前の日に康孝くんに尋ねた。そしたら、康孝くんは教えてくれんかった。本当はわかっているのに、わからんと言って教えてくれんのだから、いやだったよー」

そして、保健室を出て行く時に、彼はこう言った。

「俺がこんなこと、センセイに話したとか言わんでおくれよ」とね。

「用もないのに保健室へ行くな」と指導したがる先生たちに、

「子どもたちが言いたいことを、まず聞いてみましょうよ。中学生なりにいろいろ考えていることがあるから、聞くだけでもいいから」

と言ったら、「生徒を甘やかすことになる」と、いつもの言葉が返ってきた。

今年も、「用がない者は保健室から出ろー」という「指導」の隙間をくぐって、やって来る生徒さんたちが何人いるかなぁ？

子どもたちよ、先生の言うことを守ってばかりいたらいけませんよ。適当に守って、適当に守らないというのも大切だ。あたしなんて、そうやって生き延びてきたんだからね。

雑談も仕事のうち、あなた、そう思いません？

3

10代の笑顔ってきれいだねぇー

ドアがバタンと閉まって出て行ったさっちゃんと入れ違いにやって来たのは、弘くんだ。弘くんが保健室に来ることは、あまりない。三学期になって彼と会話したのは、昨日のひとことだけだと思う。

弘くんは、昼休みに手洗い場で手を洗っていた。通りがかった私は、いつもの遊び心で「ひーろーしくん！」と大声で言って、ポーンと背中を押してみた。私としてはおどかしてみたのに、弘くんは小さい声で「ハイ……」と言ってうつむいてしまった。「元気かい？」と言うと、もっと下を向くので「じゃあねー！」と言って立ち去ったのだが……その彼がやって来たのだ。

「あーら、おはよう」

「あの……気分悪いから、家に帰りたいんだけど」

「そう、ここにすわってん。ちょっと話きかせてくれんかい？」

彼は透明人間みたいにスーっと入って来て、スーっと私の前の椅子に座った。

「ねえ、この前のケガの具合はどう？」

彼は夏休みに耕耘機に右指をはさんでしまい、右親指がとれてしまいそうな大ケガをしていた。

「昨日ここが出血して、まだ、少ししびれてる」と言って、親指のつけ根を指さした。

「ちょっと、見せてん。あー、これは病院へ行ったほうがいいなあ。痛いよなぁ」

と指をさすっていると、

「僕、通院はできそうもないんじゃ。僕、学校に来ている場合じゃないから、もう、帰りたい」

と言う彼の目には涙が溢れそうになっていた。思い詰めたような表情にびっくりして、

「何があったん？」

と尋ねた。学校では、言葉少なげな彼がポツポツとしゃべりはじめた。彼の許可を得ているわけでもないのに、彼の家の中のことを書くことはどうかと思うが、少しだけ書かせてほしい。

母親は数年前に病気で倒れ、家にいる。今、動くのは人差指だけらしい。会話は文字板を使っている。五人兄弟の末っ子の弘くんは、生活の苦しい中を、父親を頼りにやってきたと言う。その父親が昨日脳梗塞で倒れたのだ。そろそろ兄が仕事にでかける時間なので、午後は自分が家にいたほ

うがいいと言う。

「家に帰って、何するの?」

「母さんはおにぎりが好きで、ふりかけをつけてあげると食べるから、僕が作る。それに、父さんの病院から電話がかかってくるかもしれんし、僕は学校にいるより、家にいたほうがいいと思う」

彼の家が楽ではないことは四月の修学旅行で気づいていたから、この日のできごとが弘くんにとって、先が見えなくなるほどつらいことだということは私にも少しわかる。途切れ途切れに話す彼の言葉を聞きながら、私は何といっていいのかわからず、黙っていた。

「あの……私、あんたの知り合いの一人として聞くんだけど、つまり先生とか生徒とかじゃなくって、知り合いの一人としてね。私にいま何ができるか教えてくれんかい」

すると、彼はこう言った。

「何もない」

「そう……だよね。じゃあ、お父さんのお見舞いに行ってもいいかい?　私が行くと、迷惑かなあ」

「いや、そんなことないよ」

「そう。今日病院に行って様子を見て来るから。今日は、弘くんは行くのかい?」

「行けん」

「それから、もう一つ、今からきみを家まで送って行くよ。それくらいならできるから。ちょっと待ってて。担任の先生に連絡してくるから。いま授業中だから言いに行ってくるよ」

「ウン」

ということになり、私は中学校よりさらに山あいの、弘くんちへ行くことになった。

弘くんの家は坂道の途中にあった。そこで出会ったのが弘くんのお兄さんの聖二くんだった。聖二くんは、北風ピューピュー吹く、道路の端っこで、愛車をぞうきんで拭いていた。今から出勤らしい。

「はじめまして！　保健室の山田です。ちょっと犬と遊ばせておくれ」

と言って、私は、しばらくゴン（弘くんがかわいがっている犬）と遊んだ。その間もズーッと、愛車を磨いているので、

「彼女でも乗せるわけ？」と声をかけてみた。

「彼女はいねーよ」

「それにしては、車をかわいがってるねぇ」

と言うと、まるで《あっちに行けよ》と言わんばかりの目つきでこちらをチラっと見た。

「ねえ、夜の一二時まで仕事って眠くない？」

「眠てぇよ。でも、オレ、朝のほうが弱いから」

「フーン。それで、歳、いくつ？」

「一九」

「何の仕事してんの？」

「ビデオの部品作ってる」

「聖二くんは高校、卒業したん？　やめたん？」

「三年になってからは、あんまり行ってねえけど、卒業はした」

「へェー、行かんでも卒業できるんかい。卒業式は出たん？」

「あたりまえだろー」

この時なぜか彼は、ムッとしていたような気がする。

「ねえ、弘くんは、高校行ける？」

「本人しだいじゃ」

「でも弘くんは、高校に行けるかどうか不安みたいよ。私は勉強して、高校行ったほうがいいよって言ったんだけど、どう思う？」

「オレはそういう言い方はしないよ。本人しだいだ。中学卒業して働くならオレはいっさい手を貸さんからなと弘に一度言った。一人で何もかもやって一人で生きて行けってな。でも高校行きたいなら、オレが助けるつもりじゃ」

「フーン。聖二くん、わりとしっかりしてるなぁ。どうして？　親の育てかたかい？」

「ひととおり全部やってきたからなぁ。オレ、悪いことしてたんだよ。高校の時、髪の毛染めて、めちゃくちゃになった。高校二年の時がピークだったなぁ。それで、わかったんじゃ。こんなことしていても何もならん、ってなぁ。それからは学校にあんまり、行かなくなったと思う」

「P高校って、私、二年前に行ったことがある！　エイズの話をしに、行ったんよ」

「えー！　オレ、聞いてねえ。休んでたんじゃ。オレもオレの仲間のつっぱりも、エイズの話とか、映画とかは黙って聞いてたで。『学校』とかいう映画、定時制の映画を見たよ。あれは、もう真剣になって見たなあ」

「それ、私も見たよ！」

そこから映画の話がはずんだ。

「聖二くんにとって、学校とか先生って、悪いイメージだけじゃないってわけか。良かった」

「オレにも二人だけいたよ。いいこと言ってくれた先生が。高校の先生でなぁ。《悪くなるならどんどん悪くなれ。徹底してワルになってみろ。しかしけじめをつけろ。遊ぶ時は遊んでも勉強する時はしろ。けじめのねぇ中途半端な人間にはなるな》ってな。他の先生からはよくぶたれたけど、あの二人の先生はオレと話をしてくれたよ」

彼は、Ｔシャツの上にうすいセーター一枚。下はジャージに長靴というスタイルで、話の間中ずっと、濡れたぞうきんで車を拭き続けた。

「寒くないいんかえ？」

「ぜーんぜん。先生はどこの人だ？」

「高田」

「オレなあ、高校の時、高田の友達の家に一度泊まりに行ったことがあるんじゃ。夜暑くなって、窓を開けたら、友達が寒いから閉めろって言うんじゃ。オレ、ずーっとここで暮らしてきて、出たことないから、高田の方が気温が高いっち感じたなあ」

キーンコーンカーンコーン♪　ここでお昼のチャイムが遠くから聞こえた。

「あー、聖二くん、仕事に行く時間やなぁ。夜、雪が降ったら帰りが困るよなあ」

「オレ、帰りに寄るところねぇーし、雪が降ったときのために、有休を使わんで残してあるんじゃ」

そういえば、聖二くんは小学校の時から新聞配達をしていたらしい。そのバイト代九千円を学級費などにあてていたと、他の先生から聞いたことがある。きっと、休みの使い方も計画性があるんだろうな。

「聖二くん、あんたねぇーステキだよ。来年は二〇歳。きっと、いい成人になるよ」

と言って、帰ろうとした私に、彼がこんなことを言ったよ。

「オレ、あさって、言ってみることにしてるんじゃ。あのー……《告白》とかいうやつ。ダメかもしれんけど」

「へえー、そりゃいい。がんばれよー。もし、うまくいったら、彼女ができたお祝いにケーキを持ってくるからね！」

彼は照れ笑いをして、サヨナラっと手を振った。


その日の夜、彼らの父親が入院している病院へ行ってみた。

「はじめまして！　保健室の山田です。弘くんに聞いたのでちょっと寄りました」

と言うと、お父さんは、

「すんません。すんません。弘がお世話になります」

と、しびれた腕をさすりながら、気さくに話をしてくれた。

「弘くん、お父さんのことが気になってるみたいです。今日早退したので家に送って行ったら聖二くんに会いました。いいお子さんですね」

と言ったとたん、お父さんはタオルでゴシゴシ顔をこするようにして涙を拭き始めた。がっしりした大きな体、日焼けした顔、その目からこぼれる涙がまっ白いタオルにポトポト落ちた。

帰りの車の中で、私はふと、自分の一四歳、一九歳の頃を思い出した。一四歳の時、たった一個でも母におにぎりを作ってあげたことがあったかなぁ。一九歳の時「自分が弟を助けるんだ」って気持ちになったことがあったかなぁ。あの子たちのように、もくもくと生きて行く強さが私の中にどのくらいあるんだろうか。

アニメ《耳をすませば》に出てくる《せいじくん》も良かったけれど、今日出会った聖二くんもなかなかでしたよ。

そうそう、お堅い管理職は、生徒を送って行ったきりなかなか帰ってこない、できの悪い〝ほけんのセンセ〟のことを、じろーっと見てたっけ。でも、今日は、イイ男に三人も出会ったんだもん！気にしない。気にしない。

翌日のことです。休み時間、弘くんと廊下ですれ違った。彼は、私に気づいてサーっと後戻りして来て、こう言った。

「父さんのこと、ありがとう」

小さい声だったけどちゃんと聞こえた。彼はこうして、手をあわせて、ニッコリ微笑んだ。つまり私は、弘くんの笑顔を見るチャンスに恵まれたってわけ。10代の笑顔ってきれいだねぇー。

4

つらいことを一人で抱え込んでるお母さんたち

「佳代が荷物をまとめて、家出するそうだよ」

と、朝一番に連絡してきたのは、一年生の幸子ちゃん。

「そう。じゃ一時間目の授業、頭が痛いとかなんとか言ってぬけて、保健室に来るように言っといておくれ」

「わかった」

糸のように細く剃ったまゆげ、こっそり空けたピアス、話している間中ブラブラ動く手足、キョロキョロ落ち着かない目。いったいどんな子なんだろう？　と思って話を聞いてみると……ちょっと複雑だった。

「家出するんだってね」

「うん。昨日、寿美ちゃん（母親）から、出て行けって言われたから出て行くの」

「ふーん。何かしたの？」

「純ちゃん（姉）が、いちいちうるせえから、刺し殺すぞ！って言ってお茶碗投げつけたら、寿美ちゃんが、あたしの腹を蹴っ飛ばして、出て行けって言ったから、出て行くの」

「へえ、あんたところのケンカ派手やなあ。よくやるの？」

「蹴られたのははじめてだけど、よく出て行けって言われるよ。寿美ちゃんだって出て行ったくせに」

「ん……？　いつ？」

「あたしが三歳の時、ばあちゃんと散歩から帰ったら家にいなくなってた。七年くらいたってからかなあ……。突然戻って来たんだけど……女の子を連れてたよ。それが、いま小学校にいるひろこちゃん」

「それで、お父さんは？」

「ひろこのお父さんは見たことないけど、あたしのお父さんは、小さい時に一度見たような気がするな。べつにどうだっていいじゃん」


そんな話を一時間ばかり聞いた後、どーしても家に帰る気がないというので、今晩泊まる先を一緒に考えたり、母親に電話をして学校に来てもらったり、担任と話し合ったりして、佳代ちゃんの家出願望の話を大人たちに聞いてもらうことにした。

お母さんと話していて、あらら……と思ったのは、佳代ちゃんに対して、「あんたの、そういうところ、あの男そっくりなんだからイヤになる」とか、「あんたみたいな子、どこ行っても迷惑なんだよ」などと、目の前で言ってのけた時。《も～う、それを言っちゃあ、おしまいだよ》って感じだった。

で……どうなったかというと、その日は、ひとまず親戚の家に泊まることになったんだけど、翌日、「しばらく、友達の家を泊まり歩く」と言い出した。あたし、午後から出張だし、担任はお休みだし……こんな時はどうしたらいいのか？　そうだ！　学校で一番暇そう（？）にしている人に手伝ってもらおう。

あたしは、彼女を校長室へ案内した。校長センセイは、ニコニコして、事情を聞き、「佳代さん、校長センセイには、あなたがとってもいい子だってことが一目でわかるよ。あなたは明るい瞳をしている。この際、お母さんに言いたいことを書いて、読んでもらおうよ」

と言って、紙と鉛筆を渡した。

《ガミガミいわないでください。つかれているときは、そっとしてください》

と書いた後、佳代ちゃんはフカフカのソファーに座って、校長さんとおしゃべりを始めた。その間、あたしはお母さんと女同士の話。

はじめは構えていたお母さんも、だんだんうちとけてくれ、男のことで自殺しそうになった過去を話してくれた。

「山田センセイ、私……一八で子ども生んでねぇ。旦那はすぐに浮気。家には帰ってこないしお金はないし……死のうと思って、手首を切ったことがあるんよ」

「そう……男運悪いねぇ。ヘンな男に騙《だま》されないよう気をつけた方がいいよ。イイ男なんて少ないんだから」

と言ったら、突然泣きだした。

「私、子どもを置いて出て行ったから、佳代を叱る資格なんてないんだけど、私……私も、いろいろあったの……」

と、オイオイ泣き続けた。

そう言えば、聖子ちゃんの「マンガ盗み事件」の時もそうだったな。子どものことで学校に呼ばれるのは、たいていお母さんだけど、お母さん自身が、夫のアル中や暴力、浮気で心身共に疲れはてていて、ガマンガマンの毎日。話を聞いているうちに、「あの男を殺したい」とか、「睡眠薬をお茶にまぜて飲ませたことがある」な～んてぶっそうな話も出てきたりする。「そんな男なら別れたら?」

と言うと、「子どもが学校を卒業するまでは、ガマンする」と言う。そんな親の姿を見て育った聖子ちゃんは、「家族には自分の悩みなんか話せない」と言うし……。

こんな時、あたしがお母さんたちにできることと言ったら、一緒に、男の悪口言うことくらい。

「アル中なら睡眠薬より、お酒をいっぱい飲ませて、病気になってもらったら?」「逝《い》ってくれりゃあいいけど、面倒みるのが大変」「突然、交通事故に遭《あ》うかもよ」「保険かけとこうか」なんて言って笑っているうちに「放っておいても、いつか死ぬんだよねー」なんて話になり、行き詰まっていたお母さんの表情が、ちょっとだけ柔らかくなる。

「私、これからどうしたらいいと思う?」

と尋ねられることもあるけど、

「そんなことはわからん。あんたの子なんだから、かわいがってよ」

と言うくらいかな。親としてどうのこうのという《ありがたいお話》は、担任や校長さんにまかせて、あたしはあたし流につき合っているだけなんだけど、お母さんたちは保健室に来てくれる。

さあ、もうすぐ夏休み! 今年の夏は鹿児島の知覧《ちらん》に行くんだ。家族や友達も誘って六人の旅。知覧特攻平和会館で、若者が残した手紙や遺書をじっくり読んでくるよー!

5

ハラハラドキドキ修学旅行の巻

修学旅行が近づくと、生徒たちからよくこう言われる。

「保健室のセンセイっていいよな〜。毎年修学旅行へ行けるから。いったい誰の金で行ってるのかい？　自分のお金？　まさかオレたちの金で行くんじゃねえだろうなー」とね。

《冗談じゃないよ。私、学校の旅行ってキライ。夜もろくに眠れず、あんたたちと五日間も過ごすんだよ。毎年同じような寺ば〜っかり見て、おしりが痛くなるほどバスに乗ってさ、ヘトヘトに疲れ果てて帰るこっちのしんどさなんかわからんくせに……》と言いたいところをグッと我慢して、

「お仕事だからね。出張なのよ。ひとみちゃんも楽しみにしてるし、一緒に行くって嬉しいよね」

と答えた。（さすが！）

そうそう、ひとみちゃんのことだけれど、出発の前日まで家族は迷っていた。

「ひとみが行くとみんなに迷惑をかけるから、参加しないほうがいいんじゃないだろうか」

とお母さんは、言っていた。

「何言いよるんかえー。一緒に行くのがあたりまえなんで。ひとみちゃんはちょっと変わっちょるけど、もし、行かんかったら、生徒もセンセイたちも後悔するで。担任の土谷センセイもはりきっちょるし、何か事件が起きたら、そん時考えよう。なんとかなるもんよ」

と言うと、お母さんは泣き出しそうな顔をしていた。


さて、旅行の様子なのだが、なかなかスリルがあった。

旅の二日目ごろから、ひとみちゃんは、いちだんと気分がハイになっていた。たとえば、カメラ。あっという間に、使い捨てカメラを撮り終わってしまう。すると、ダーっと走ってお店へ行き、すぐ次を買う。一日に七〇枚撮ったこともあった。

お金を持っているとウズウズするようで、じゃんじゃん物を買う。土谷センセイに預けていたおこづかいはみるみるうちになくなっていった。すると、もっとお金が使いたいと、家に電話をかけ始める。見学地で電話ボックスを見つけると、いきなり道路を横断するので一度だけ車とぶつかりかけた。もし、あと一秒飛び出すのが早かったら……たぶん大事故になっていたと思う。あの時、校長センセイの顔は、ひきつっていたっけ。

そんなまわりのハラハラドキドキとは反対に、ひとみちゃんはず～っと元気いっぱいだった。夜になるとくたびれて眠るのかと思ったら、消灯過ぎても目はキラキラ。突然、テレビを見始めたりする。

二日目の夜のことだった。同じ部屋のよしこちゃんから注意されたことがきっかけで、大ゲンカがはじまった。よしこちゃんは、ひとみちゃんの班の班長さんだ。ちょうど私が部屋へ行った時、ひとみちゃんが大声で、

「うるせ～。だまっちょけ。よしこ、どっか行け！」

と啖呵《たんか》を切っていた。するとよしこちゃんも、すげぇ声で、

「なによ！　あんたの荷物の整理、私がやってるのよ！　いくら言ってもちらかしてばかり！　いいかげんにしてよ！」

と言い返していた。ひとみちゃんは、片付けることが大キライ。だから、部屋の荷物はいつもちらかしっぱなし。同じ部屋の連中が、最初のうちはやってあげていたようだが、途中でプッツンしたみたい。

三日目の夜中、とうとう互いの不満が爆発した。

同じ部屋の五人は、荷物を持って（隣の）私の部屋に家出……じゃない《部屋出》してきた。ひとみちゃんは、部屋の内側からカギをしめて、こもってしまいパニック状態。叫んだりドタンバタンと音をたて、荒れ始めた。

ホテルのおじさんに合鍵を持って来てもらったものの、ひとみちゃんとよしこちゃんたちの睨み合いは続く。土谷センセイはちょうどお風呂に入っていていないし……。

こんな時どうすりゃいいのかわからない私は、別の部屋の女の子の班のところへ行って、相談してみた。すると彼女らは、ひとみちゃんの部屋へ行き一緒に話し合い始めた。そして、私にこう助言した。

「山ちゃん、今回はひとみちゃんが良くないよ。よしこちゃんたちに、ちょっとでもありがとうって言えたらいいけれど、ひとみちゃんはよしこちゃんたちの気持ちがわかっていない。こういう時に、簡単に許してしまうとお互いのために良くないと思う。今日は別々に寝た方がいいんじゃない？」とね。

そこで、私が引っ越して、一晩だけひとみちゃんと一緒の部屋で寝ることにした。ひとみちゃんは、一時間近く荷物を出したり入れたりしていたが、そのうちかばんの中にちゃーんと荷物を納めて眠った。

しかし翌日の朝もケンカはおさまらなかった。よしこちゃんたちが黙って朝ごはんを食べていると、ひとみちゃんが大声で、

「おまえら、いじわるするな!」

と言って、おはしを投げつけた。

「いじわるは、あんたの方だ!」

と、よしこちゃんが言うと、ひとみちゃんはますますエキサイトして班の人たちをバシバシ叩き始めた。よしこちゃんたちは、部屋を飛び出して、

「せっかくの旅行なのに……やっぱりこうなった」

と言ってしくしく泣いていた。いきさつを知った土谷センセイは、

「今晩はひとみさんは僕があずかります」と言った。

そして最後の夜になった。

夕食の時間、ひとみちゃんの班の一人、晴美ちゃんが胸を押さえて苦しそうにしているので、

「どうしたんかい?」

と声をかけたら、晴美ちゃんはこんなことを言った。

「センセイ、私、このまま終わっていいのかなぁと思うと、このへん(のどのところ)に何かつっ

かかっている感じなんよ。昨日の夜のケンカのこと。もしこのまま、今日もひとみちゃんだけ私たちと別の部屋で寝たら……そのほうが気になるんじゃ。中学時代最後の旅行だし……いろいろあってもやっぱり一緒のほうがいいと思う。ひとみちゃんがいないと何でもさっさと終わるから、楽なんだけれど……でも、あれ？　こんなんでいいんかなぁって思うんよ」

私は、びっくりした。聞いているうちに、じわっと涙が出てしもうた。

「そうかい……そう思うなら土谷センセイに言ったほうがいいよ。自分たちの旅行なんだから自分たちが納得するようにしたほうがいい。でも……よしこちゃんたちはどう言うかなぁ」

「うん……まだ怒っているみたい……だから私からもう一度話してみる」

この後、子どもたちがどんな話し合いをしたのかは知らないけど、お互い、条件付きでひとまず仲直り（?）したらしい。土谷センセイは、

「必要な時は、応援するからいつでも言いに来いよ」

と、どっちにも言って、部屋で待機することにした。

ひとみちゃんはニッコリしながらみんなの中に戻った。でも、相変わらずお菓子をバリバリ食べながら、ちらかすので、よしこちゃんも晴美ちゃんも、

「ちっとも反省していないじゃないかー」

とブツブツ言っていた。それでも一緒の部屋で過ごさないと、なんとなく気になるということの感覚って、いいもんだと思う。

眠る前におねしょマットをしいてあげたり、夜中に一緒にトイレへ行ったり、子ども同士でちゃんとやっていたしね。オフロに入る時なんか、

「ひとみのおっぱい、でっかくてうらやましい～」

と誰かが言うと、

「さわっていいよ～」

と、ひとみちゃんのはずんだ声。保育園の頃からず～っと同じ教室で過ごしてきた時間の積み重ねって、きっと言葉の世界じゃないんだろうね。

こうして、五日間の旅は終わった。み～んな元気に帰って来たのに、私はさっそくダウンした。緊張感が解けてホッとしたとたん熱が出てしもうた。

二日ぶりに保健室へ行くと、ひとみちゃんが待っていた。原稿を書いている私の横に来てパソコンをのぞき込み、「あんた、もしかして私のこと書きよるんじゃねかろーなー」と言って、ブチュッと頬にキスされちゃった。

めでたし、めでたし！

6

「いっそバカに生まれればよかった…」と太郎くん

この頃、太郎くんの機嫌が悪い。いえ、太郎くんだけではなく三年生のあのグループは、どうもイライラしていけません。人数の少ない学校というのは、子どもたちの顔を見るチャンスが多いからかなぁ。同じ生徒の言うことがいちいち耳に刺さったりする。

昨日もそうだった。掃除の後、太郎くんたち三人が保健室でおしゃべりしていた。その会話がちょっとねぇ……。

「○×センセイは嫌いだ」とか、「△△センセイはむかつく」とか、そういうことばっかりず〜っと話しているので、会話の中に入ってみた。

「あんたたち、この一五年間、気の合う先生には出会わなかったのかい?」と言うと、

「いねぇなぁ」と首を振る。

まあ、中学生ってそんな時期だから「ボク、○○センセイには感謝の気持ちでいっぱいです!」

なんて言うわけないけどね。でも、この頃の彼等を見ていると、投げやりと言うか、言葉の暴力というか……《いったい何考えてんだろう?》と心の中をさぐりたくなるんだよなぁ。

「ほらほら、小学校に橋本先生っているじゃない。私、あの先生とは話したことあるけど、正義感があってなかなかステキじゃない?」

「あいつ? ありゃ、金八先生だからなぁ〜。もうたくさんだよ」

「そうだったよなぁ。道徳とか学活をやたら一所懸命やるんだよな。平和と障害者の話ばっかりでさ。社会見学の時、オレたち養護学校なんかに連れて行かれたんだぜ。人権、人権って言われて、もう飽きたよ」

あ〜もうダメ……このへんで私のほうがイライラしだした。

「きっと、私のこともそうやってバカにしているんだろうなー。あんたたちの話を聞いていると悲しくなるね。じゃ、いったいどんな先生がいいのよ?」

「うるさくない先生がいい。余計なことを言わんで、進路指導だけちゃんとやってくれりゃいいんだよ」ときた。

ここで私が怒り狂っても、ことが解決するわけじゃないし、生徒だってこんなことは職員室では話さない。《あらら、どうすりゃいいんだよー》と心の中でつぶやくだけの山ちゃんであった……。

翌日、太郎くんが保健室にやってきた。四時間目の数学の時間だった。おなかが痛くて気分が悪いと言う。そういえば、顔色が良くない。

「じゃ、ここで少し休むかい？」

「うん」

「ベッドに寝てもいいよ」

彼はストーブのそばに座った。

「大丈夫かい？」

「うん」

この後、何を話したのかよく覚えていないのだが、雑談をちょっとした後、彼は突然こんなことを言った。

「先生、この頃、オレのこと避けちょるじゃろ？」

「うん……わかる？　最近、太郎くんは怖い目をしてっから、近寄りにくいよ。ちゃんと眠ってる？　食べてる？」

「眠ることも食べることもどうだっていい。オレ、この頃変なんじゃ」

「変ってどんなふうに？」

「夕方、母さんが買ってきたまんじゅう一パック、あんこのところだけ取り出して、全部食べてしもうた。あんこだけ全部だよ。それに、夜中に目が覚めて、急に笑い出したりするんじゃ」

「ふーん。どうして？　ストレスでもたまってんの？」

「自分でもよくわからん」

「そうかい……。でも私から見ているとあんたたち、成績のこと気にしすぎじゃないかなと思うけど」

するると、彼は周りをキョロキョロ見渡して、急に立ち上がった。そして、

「先生、誰にも言わんかい？」

と言った。私がうなずくと、太郎くんはダーっと走って保健室のカギを内側から閉めた。どうも他の人から聞かれたくない話のようだ。

彼が、誰にも言わんでほしいという話の内容をここに書くことは、気がとがめる。でも、その内容が、最近、次つぎに自殺をしている中学生の心と似ているところがあるとしたら……太郎くんの訴えを大人は謙虚に聞く必要があると思う。だからここに書くことを許してほしい。

「オレ、昨日、家で勉強していた時、たまたま枕草子のページを開いたんだ。一所懸命読むんだけど、次々に忘れてしまう。もし、ここが入試に出たらどうしようと思うと、あせってしまう。さっき読んだページなのにもう忘れているんじゃ」

「覚えるのに時間がかかることは、悪いことじゃないよ。ゆっくり覚える人は、一度覚えたらなかなか忘れないんだってよ。それに太郎くんは、成績もいいじゃないの。入試で心配する点数じゃないよ」

「そんなことはないよ。オレは何をやってもダメなんじゃ」

「エーッ？　あんた、ハンサムで、カッコイイし、成績もいいし、野球もサッカーもうまいし……何をやってもできるじゃない」

これはお世辞じゃなくて、ホントにそうなのだ。少なくとも、私にはそう見える人だ。ところが彼はこう言った。

「この前、放課後、たかちゃんが勉強していたんだ（たかちゃんはハンディキャップがあって、字を書いたり、文章を読んだりが苦手。言葉もはっきり出てこない）。オレなぁ、その時……たかちゃんに追い越されたらどうしようって思って、急いで家に帰って勉強したんじゃ。オレ、いっそバカに生まれれば良かったと思うことがある。小学校に入学してから、ずっと……勉強すればできるもんだから、頑張ってやってきたんじゃ。これから高校行ってまた勉強して頑張って……もうイヤになる。でも、頑張ったらできるから頑張ってやってきたんじゃ。それに、入試が近づいてるせいか……この頃、先生たちが毎日のようにプレッシャーをかけてくる。友達と話していても信用できん。《勉強してない》とか言うくせに、実は家ではものすごく勉強しているんじゃ。放課後は、友達と学校にいると、その時間は勉強しなくてすむから安心する。でも、家に帰ると、ボーッとしてたら悪い、勉強せんと悪いと思うからきつくなる。不安になる……」

「そう、そうだったんかい。一年生の香ちゃん（ハンディキャップを持っている生徒さん）にも、バカとか死ねとか、あっちに行けとか、ひどいことを言いよったけど、そんな気持ちだったんか……」

「山ちゃんは、オレが香ちゃんに何か言うたびに怒っていたよなぁ。でもヘンになってるのはオレだけじゃないよ。けんちゃんなんかもっとあぶない。眠っていないし、給食だっていつも残してるよ。けんちゃんはもう勉強のことしか頭にない」

「ふ〜ん……そんなことやってたら本当の友達はできんやろうなぁ。中学・高校時代って、一生つきあえるような友達に出会う頃なのに。……太郎くんには、何でも話せる友達いるんかい？」

「孝二くんには話せることもあるけれど、孝二くんはあんなに成績がいいのに学校では勉強してないふりしている。本当の友達になれてないと思う」

「そういうふうに学校の成績が気になるのは高校までだよ。その後は、実力テストが何点だったとか何番だったとか、そんなことは関係なくなるよ。自分流の考え方ができるかどうかってことや、本気で自分のことを心配してくれる友達が何人いるかってことのほうが、よっぽど大切なことだと思うよ。成績順に幸せになるわけじゃないんだけどなぁ」

「本当にそうかい？　オレなぁ……この頃自殺した中学生のニュースを見ていて思うんだけど……

死ぬやつらはいじめられたから死ぬんじゃない、いじめられたのがきっかけで死ぬんだと思うな。学校に入ったら誰だっていじめられるし、いじめたことのあるやつもいっぱいいると思う。オレも、いじめられたことがあるよ。でも死ななかった。けれど……今は……ふっと死のうかなって思うことがある。オレ……もし、今いじめられたら死ぬかもしれん。なんて言うかなぁ……食べたいとか眠りたいとかいうことがどうでもいいようになってきた。生きて行くのがどうでもいいんじゃ。生きていこうとする力みたいなのが、なくなってしまいよるような感じだなぁ」

と言って、うなだれ、首の後ろを手で押さえた。そして、

「あ〜肩がこる。だるい。首の後ろが痛い」と、つぶやいた。

まるで映画かテレビドラマのシーンを見ているような気がしたな。だって太郎くんは外から見ていると、ごく普通の中学三年生なのよ。私は、ふっと、ある新聞の記事のことを思い出した。《まさかあの子がここまで思いつめているとは気づきませんでした。なぜ、死を選んだのでしょう》と書かれている記事をね。

こうして、太郎くんに話を一時間ほど聞かせてもらったんだけど、私は、ただ聞くことしかできなかった。チャイムが鳴り終わると、彼の仲間たちがドドッとやって来た。

「タロちゃん、どうかい？　オレ、今の時間、△△先生にさからったらよぉ、怒られたぞー。まね

してみっから見てくれよー」

いきなり保健室はにぎやかになった。太郎くんは、少し微笑んで友達にこう言った。

「ありがとう、だいぶいいよ」ってね。


翌日、彼は欠席した。熱が出たらしい。私は、休み時間、いつもの連中に、太郎くんの家はどこなのか尋ねた。すると、「保健のセンセイが何しに行くのか?」と言われたので、気になるから顔を見に行きたいと言った。彼等は「先生」が行くよりも自分たちが行ったほうがよっぽどいいんだと言う。

「じゃあ、そうするから後はよろしく!」と言って、彼等にまかせることにした。


放課後、廊下で、太郎くんがあぶないと言ったけんちゃんに声をかけてみた。たしかに最近痩せてきたようなので、血圧を測ってみた。下が四〇だった。担任に連絡をして家庭の様子を聞いてもらったら……お母さんもけんちゃんの様子を心配していたそうだ。明日、国立病院へ行くらしい。

「金曜日は五教科の授業があるけれど、僕は病院へ行くので休みます」

けんちゃんは、ちょっと嬉しそうに言った。きっと病名なんて見つからないと思うけど、一日病院でボーッと過ごすだけでもいいいんじゃないかなぁ。

けんちゃんも太郎くんも孝二くんもまじめな〝いい子〟だ。そういえば、髪を染めたり、変形ズボンをはいたりするツッパリさんたちが自殺したってニュースは聞かないな。

太郎くんのお話、どう思います？　もしかしたら、日本中に太郎くんのようなことを考えている子どもがいっぱいいるのかもしれないいな。そうだとしたらどうすりゃいいのかい？　誰か教えてくれよ〜！

7 あたしの駆け込み寺は《母ちゃんたちのたまり場》

ところで、例の太郎くんのことだけれど、放課後、それとなく学級担任に話をしてみた。

「あの子、この頃元気がないみたいだけど、受験、受験ってあんまりプレッシャーかけないほうがいいんじゃないですか？」

ってね。しかし、担任から返ってきた言葉はこうだった。

「あの子はひとりっ子で、親から大切に育てられたので甘えているのでしょう。ここで乗り越えなければ、高校はもっと大変なのですよ」

そして、さらに、

「山田先生は受験生の親になったことがないから、こういう時の親の気持ちがわからないのですよ。実はうちの子も受験なんです」

ときた。（ダメだ、こりゃ）と心の中で思い、無駄な抵抗はやめた。でも、本当は、こんな時こそ冷静に話し合う必要があるんだけどなぁ。修行が足りない私は、ムラムラ腹がたつばかり。このイライラ、どうすりゃいいんだよー！

そうだ、こういうときは、学校を脱出するに限る。いつもの手を使おう。

「教頭先生、教育委員会に行ってきまーす」

一応、書類を持って、教育委員会へ行き、その後いつもの所に寄った。いつもの所というのは《ちょっと不良のお母ちゃんたち》が集まるアパートだ。

アパートのドアを開けると、いつものメンバーと五郎くんがいた。ここは、五郎くんちなのだが、彼のお母ちゃんを取り巻く女グループが集まって、よくおしゃべりをしている。五郎くんやそのお母ちゃんたちとは前任校で出会ったのだが、当時は学校が荒れている時で、母親と女性教職員がよく集まって話をしていた。その時からのつきあいでねぇ。五郎くんとは、久しぶりだ。

「あーら、五郎くんいいとこにいた！　ねぇ、教えてほしいんだけど、高校ってどんなとこ？」

「何だよ、突然。山ちゃん、また、何かあったん？」

「中学よりいいとこかって聞いてんのよ」

「うーん……俺は普通科だから、工業科の連中の感じ方とは違うかもしれんけど……勉強しろ、勉強しろって言われることが増えたよ。中学校の時の先生を1とすると、今は15倍くらい言われてるって感じ。先生たちがすげぇんだよ。オウムのあれみたい。修行するぞー修行するぞーって毎日言われたら変になるだろ。勉強しろー勉強しろーって毎日言われてると、変になりそうだなー。ま、俺たちの中学校はあんまり言われていなかったせいかなー。はじめはびっくりしたよ」

するとそばでお茶を入れていた母ちゃんが、こう言った。

「そうそう、この頃、困ってんのよ。五郎が、がんばって勉強しはじめてねぇ。夜も遅くまでやってるみたいで、あたしはイヤなの。五郎はピアノや音楽関係のことが好きだから、好きなことをもっとすればいいのに、あんなむつかしい勉強なんかして、好きなことを我慢するのは、頭にも良くないって思うんだけどねぇ」

ほら、ちょっとおもしろいお母ちゃんでしょ。松田さんという人で、通称松さん。松さんは、こういうことをあちこちで言うもんだから、ＰＴＡで浮いたりするんだけど、本人は平気みたい。五郎くんの高校受験の頃だって、「高校など行きたくなければ行くな、行った方がヘンになるかもしれんぞ」なんてマジに言っていたっけ。

「それで、五郎くんは、何がしたいの?」

「この頃、勉強しなきゃって自分でも思い始めたからね。勉強しろって言われたからするっていうだけじゃないよ。でも……俺みたいに成績が良くないのも困るけど、できるやつも大変だよ。《できる》ってことで妬《ねた》まれたりして他のやつらから仲間に入れてもらえんって感じだな。《できるやつ》は《できる》グループのなかにいることになるしね。そうそう、最近、《できる》グループの一人が不登校になったよ。中学校の時は全校でいつも上位にいたのに、高校に入ってから、人数も増えたせいもあって順位が下がって、なかなか上がらなかったらしいよ。それで、自信がなくなったってさ……。そいつ俺の友達と一緒の塾に行ってるから、友達から聞いた話だけどね」

するとき松さんは、こう言った。

「五郎、あのねぇ、国は三パーセントのエリートと、物言わぬ労働者がほしいだけなんだよ。あんたがどんなに頑張っても三パーセントのエリートになれるわけないし、なってほしくもないよ。それに、上の人が言うことをただ黙って聞いて、もくもくと働く労働者ってやつもイヤだよ。そんな罠にかかったらいかん。勉強はしたければ楽しんでするがいいさ。人と競争してやったって、つまらんものよ」

「そのお言葉、あのセンセイに聞かせてやりたいなぁ……」

と、私はついこぼしてしまった。すると松さんは、こう言った。

「学校のセンセイに言ってもだめだろうよ。今の学校は何が起きても驚かないね。でもさー、新聞を読んでいると、私と似たような意見を持っている人が、けっこういいこと書いてくれてんのよー。そんな記事がいくつも目にとまるんだけど、実際は学校も世の中もちっとも良くならんのだけど、どうしてかいな?」

「そういえばそうやなぁ。読んでると、そうだそうだなんて記事よくあるのにねぇ」

ここで、考え込んでる私たちに五郎くんが、ひとこと。

「少数派だから、新聞の記事に載るんだよ。日本中の多くの人の考えと違うから載せるんだよ。同じだったら載せる必要はないいんじゃない? つまり、山ちゃんとか母ちゃんとかは少数派なんだよ。珍しいというか変わってるというか、まだ、そういう存在なんじゃゃ」

「へぇ〜」

大人グループは、なーるほど!っとうなずいていた。五郎くんは、三パーセントのエリートにも、物言わぬ労働者にもならんだろうなぁ。

ハッと時計を見ると、五時だ。さぁ、教育委員会の用事は終った、ということにして、家に帰ろう。心のモヤモヤは松さんとこに置いてきたので、明日はいつもの顔して「おはようございまーす」と、登校できそうだ。保健室のセンセイは元気でなくてはいかん！　これが私のモットーだからね。今のところ、あたしの駆け込み寺は《ちょっと不良の母ちゃんたちのたまり場》つまり《もう一つの教育委員会》なのであーる。でも、これは、秘密だよ。

さて、翌日のお話。

「おはようございまーす」と元気なつもり（?）で、職員室へ。

あら、まあ、今日も管理職のご機嫌がよろしくない。ヤバイ、朝からわけのわからんことで怒れるのはイヤだ。サッサと保健室へ行こう。

「今日も雪が降っていて、寒いなー」

とつぶやきながら、保健室のドアを開けると……朝からお客さんだ。

真っ青な顔して加代ちゃんが、座っていた。

「おなかが痛い。休ませて」

加代ちゃんは、倒れ込むようにベッドに横になった。

「生理痛かい？　それにしてはいつもより、痛そうだなぁ」

と声をかけたら、こんなこと言うのよ。

「生理は昨日終わったよ。薬を飲んで早く終わらせたから」

「えっ？　どうして薬なんか飲んだのよ」

「受験の日に生理が来そうだったから。お父さんが、一生を決める大切な試験だから飲んだ方がいいって言った」

「加代ちゃんは飲もうと思ってたの？」

「ホルモン剤は、副作用があるかもしれんし、飲みたくなかった」

「じゃあ、どうして断らなかったの……」

と言いかけて、私は、言うのをやめた。痛いという腰の部分を押さえて、

「こうすると、少し楽になるよ」と言って、痛む部分をマッサージした。

学級担任に、このことを話したら、

「そうなんですよ。女子は生理痛で受験に失敗したりするから、私が親に勧めたんです」だって！

「でも、本人も納得していないし、生理痛があっても、今まで学校生活が普通にできていたのに、今回だけ薬で調整したというのは無理があると思います。薬には副作用というのもあるし……」

と言いかけたら、彼はこう言った。

「私は過去に、三人の女子を落としました。生理中で貧血をおこしたようで、頭の中が真っ白になっ

たと言っていました。だから、学級でもこの話をして、特に女子には気をつけるように話してあげています」

彼なりに《親切できめ細かい配慮》をしているらしい。自分のクラスから一名も落としたくないという学級担任共通の責任感かなぁ。夜の家庭訪問も毎日のようにして、親たちといい関係をつくっているという。つまり、中学校は高校受験が一番大切なんだよ。志望校に合格するために、存在するってかーんじ。思いやりも責任感も大切だが、そんなものがあってもなくても受験に合格すりゃいいのだ。保健室は、その真っ只中にいる子どもが、サインを送ってくれる場所でもあるけれど、無力な私はなんにもできない。だから、せめて、子どもたちの声をこうして書き残しておきたい。誰かに知っておいてほしいもん。

8

10万円のソファーベッドがやってきた！

今、私は保健室で一人ボーッとしている。そして、目の前にデーンとあるソファーベッドを見つめている。昨日、届いたばかりの一三万八千円のソファーベッドをね。この小さな中学校の保健室にどうしてこんな高級品が届いたのかって？　長野さんが寄付してくださったの。退職記念にね。

長野さんは、四〇年間の学校勤めを終え、この三月に退職された学校主事さんだ。地元の中学校で退職するということもあり、一〇万円を寄付してくださったの。それも、保健室にね。もちろん、私には、はじめてのできごとだった。学校に寄付してくださる方は多いけど、保健室にボ～ンと大金を寄付してくださる方がいるなんて夢にも思わなかった。その長野さんがこんなことを言ってた。

「わしゃ、長いこと保健室なんて、たいした所じゃないと思っていたよ。でも、こんなに大切な場所が学校の中にあるということを最近になって気づいたよ。きっと、このソファーに座って、子どもたちがいろいろな話をするじゃろう。聞いてやっておくれ。ここは、わしの母校じゃ。ここに寄付できて本当に良かった」

長野さんは、学校の中のことも、生徒のことも、よく知っている。しかし、センセイたちにはセンセイたちのやり方があるからと言って、何も言わない人だった。夏の暑い日も、運動場の草を刈り、どこかが故障したらすぐに直してくれ、用品が足りなかったら、市役所に行って話をつけてくださるベテランの学校主事さんだった。

転任してきたばかりの私が、管理職とトラブルを起こしながら性教育に取り組んでいた時、「正しいと思うことはやってみる方が良い」と繰り返し声をかけてくれ、励ましてくれた。

ある時、エイズの授業をしていたら、長野さんが見に来てくださった。学級担任と連携が取れず、一人で細々とやっていたから、ちょっとつらい時期だった。授業の前に、長野さんに「見に来てください」とお願いしておいたら、ちゃんと来てくださったのだ。授業の後、「あんたは言葉のマジックを持っている。こりゃ、大切な勉強じゃ」と言っていた。

長野さんは、保健室をちょくちょくのぞいて「なんか、要るもんはねーかい？」と声をかけてくれるようになった。本棚と鏡、その他、頼むとすぐに設置してくれた。そして、《おしまい》が今回のソファーベッドだ。

ソファーベッドには、毎日子どもたちが座りにきている。ときにはやっかいな話もあるし、こっちだって、めげたりもする。でも、長野さんが、私のことを支えてくださったように、私も、子どもたちの援助をしていけたらいいなと思う。

退職後も長野さんは、保健室に遊びに（？）来てくれる。その日に採ったわらび、ぜんまい、たけのこ、ふき、などのおみやげを持ってね。今日は、お連れ合いと魚釣りに行くって言っていたっけ。「退職して良かった。誰にも気兼ねせず、楽しく暮らせるから」。そう言っていた。

私は二〇年後、何をしているだろうか？　真ちゃん（連れ合い）は、家で静かに畑を耕して、野菜や花を育てたいと言っているけど、あたしはアウトドアタイプの人間なので、家のことは彼にお任せして、《老人と性》なんてテーマで、老人クラブを回ってお話していたいな。

9　「死んだ方が楽だ」なんて！

山奥のミニ中学校にも卒業式が近づいてきた。明日の準備にバタバタしていると、職員室に電話の音。どうやら私にかかってきたようだ。受話器を取ると、聞き覚えのある声だ。

「山田センセ？　柴田です」

二年生の克博くんのお母さんからだ。

「あら、おはようございます。お元気ですか？」

「あの……お願いがあるんだけど……克博の様子がヘンなのよ。朝から学校に行きたくないって言って……私のカンなんだけど、何かあると思うの。昨日は包丁を振り回してあばれてみたいって言ってたらしいの。おじいちゃんが聞いたんだけどね。ちょっと心配なの……それで、様子をみておいてほしいんだけど」

「わかった。気をつけておくから。教えてくれてありがとう」

こんな時、学級担任に言うべきなんだけれど、柴田くんのお母さんはこれまでのいきさつから、学級担任にはあまり言いたがらない。こういう場合は、事がいっそうやっかいになってくるんだなぁ。

昼休みになった。気になって廊下を歩いていると、「やめてくれー」という克博くんの声がする。教室を覗いてみたら、克博くんが良雄くんから、首をしめられていた。

と書くと、大変な事態のようだが、見方によっては、ただの悪ふざけにも見える。周りにはクラスメートが数人いるし、一緒に五目並べをしている最中だったしね。克博くんはちょっとほほ笑みながら、つぶやくように「やめてくれー」と言っていたし、良雄くんだって、そんなに強く首をしめていたわけではない。

「こーら！　そんなふうにしていて、もしもケガをしたら大変だよ。そんな遊びはやめんといかんよ」

と言ったら、彼らはサッと離れたし、表情もどことなくニコニコしている。もし、お母さんから電話をもらっていなかったら、私はここで克博くんを呼び止めたりしなかったと思う。「お母さんのカン」というやつが、ふっと気になったので、「克博くん、ちょっと保健室に来ておくれ」と言った。


克博くんは、すぐにやって来た。

「座ってごらんよ。あれ？　制服にチョークの粉がいっぱいついているよ」

「良雄くんが押した時、黒板にぶつかったから」

「痛くなかった？」

「痛いよ。でもがまんするしかない。言ったって、やめないしね」

「嫌なの？　それとも、お互いふざけてやってるのかい？」

「とても、嫌だ。でも仕方がない」

克博くんは、頭を両手でかかえこむようにしてうつむいた。

「嫌ならやり返したら？　良雄くんはふざけているだけかもしれんよ。それに、先生に相談したら、なんとかなるかもしれんし、あきらめないほうがいいよ」

「僕は力が弱いし、勝てるわけがないよ。僕はダメだ」

「力は強くなくても他の面できみはすごいじゃないの。今日のエイズの学習のときだって免疫について一番よく知っていたのは克博くんじゃないの」

「ただ知っていたってことだけだよ。それだけのことだよ」

「そんなにあきらめないで、たとえば、先生に相談してみるとか……」

「先生に言ったところで、むこうからゴメンなんて謝られるだけで、本当に悪いことをしたって思ってはくれんだろうしね。今までだってそうだった」

「そんなふうに、考えていたら学校に来るのがイヤになるよ」

「イヤだよ。もう、学校には一生行きたくないよ！」

克博くんは、じっとうつむいたまま、しばらく黙った。


克博くんはもともとガラス細工のように、デリケートというか……、真面目に真っすぐに思い詰めてしまうところがあるとは思うが、それにしても、今日の様子はヘンだ。小学校の時もいじめにあって、卒業と同時に校区を変えてこの中学校に入学して来たらしい。以前お母さんから聞いたことがある。

「そんなに苦しいのに、よく学校に来れるね……がまん強いんだなぁ」と言うと、

「母ちゃんが、もう行かなくていいと言ってくれたら、僕は一生学校には行かないよ」

そう言って、顔をあげて克博くんは、私の顔をじっと見つめた。彼の目に涙がキラリと光っていた。私はドキッとした。その後、彼はこう言った。

「死にたい。死んだ方が楽だよ」と。

「死のうと思ったりするの？」

「うん、学校の行き帰り橋の真ん中で立ち止まったりする」

「でも、克博くんは生きている」

「僕が死んだら、母ちゃんが泣くよ。その母ちゃんの顔を考えたら死ねない。ただそれだけだよ」


彼は、良雄くんのことを《こわい》と言う。良雄くんは、クラスの中でもいわゆる《強い子》ではない。ちょっと乱暴なところはあるかもしれないが、手に負えないというような生徒ではない。でも克博くんにとっては、ふざけて、ぶたれたり押されたりするのは、嫌で嫌でたまらないらしい。そういえば、先日、地区の話し合いの時、良雄くんのお母さんに会ったっけ。お母さんは、

「良雄が、ぼくは学校で一人だよ。友達がいないよって言ってました。学校がおもしろくないみたいなんです」と。

ストレス発散の相手が、克博くんなのだろうか？　私は克博くんに、学級担任や両親に今の気持ちを話すことをすすめたが、彼はあまり良い返事をしなかった。

「お母さんには先生から話してほしい。僕は、言えない」

と言って、保健室を出て行った。早退するらしい。

うつむいて、トボトボ歩く克博くんを追いかけて玄関で声をかけた。
「川の水はまだ、つめたいぞー」と。
すると、彼は、
「でも川はすぐそこにある」と言った。
「そりゃあ、困ったねぇ。でも生きていたらいいことあるんだからさ」
こんな会話を中学生とするなんて、ヘンになりそうだよ。まったく。

放課後、学級担任に話をした。やはり、黙っておくわけにはいかないと思ったから。でも、話し合いはあまりうまくいかなかった。
「センセのように子どもの心の中のドロドロした部分をとりだして、おおげさに考えるのはどうかと思いますよ。克博くんは良雄くんとよく一緒にいるし、遊び友達でもあるんですよ。克博くんだって、もっと強くならんといかんと思いますよ。そうやって現実から逃げて逃げて、結局社会に出た時にそういうことで通用するわけがないんです。そもそも学校というところは、楽しいところではないんです。僕もそうでしたよ。でもみんな我慢して学校に来て勉強したり友達関係で悩んだりして、そうして大人になっていくのです。死にたいとか、生きたくないとか、そんなことをいちいち聞いてあげて、手助けするような、そういうことって、本人を甘やかすことになるし、そんなことでは生きて行く力がつかないと僕は思います。僕だってそうやって頑張ってきたのですから」

私は、疲れてしもーた。さみしくなったよ。だから、学校の帰りにいつものアパートに寄ってみた。すると、いた！ いた！ 頼もしい相談相手が。高校生の五郎くんだ。

「聞いてほしい話がある」

「また？ 山ちゃん、今度は何があったん？」

「学校は子どもにとって、もともと楽しくない所なのかい？」

と言って、さっきの先生の言葉を話してみた。すると、五郎くんはこう言った。

「山ちゃん、学校はもともと楽しい所じゃないといけないよ。そうじゃないと俺たちは学校なんか行かないよ。勉強はおもしろくなくても友達に会えるから、学校に行くんだよ」

「そうだよね。やっぱりそうだよね」

私は、克博くんのことも少し話してみた。すると、五郎くんはこう言った。

「それで、山ちゃんは何が不安なのかい？ 山ちゃんは克博くんが、どこまで本当に追い詰められてるのかわからないんだろ？」

「そう、それもあるなぁ。私は学級担任ほど克博くんの日頃のようすを見る機会はないし、保健室にしょっちゅう来る生徒ではないしね」

「あのね、死にたいって言ってる奴はすぐは死なないと思うよ。でも死にたいって言っているという事実があるんだよ。子どもがそう言ってきたら、大人は本気になって考えていくべきだよ。もし、センセイに心配をしてほしいというサインだったとしてもそれはそれでいいんだよ。とにかく本気で考えてあげなきゃいけないよ」

五郎くんはしっかりしているなぁ。どっちが大人なんだかわからないよねえ。


夜、克博くんのお母さんに電話をした。きっと、学級担任も電話をすると思う。口ではあんなふうに言っていたけれど、本当は気になっているはずだもの。私は克博くんとの約束を果たさないといけないと思い、克博くんが言ったことを伝えた。お母さんは今晩ゆっくり克博くんと話し合うと言っていた。

「ただ克博くんの話を聞くだけで、何もできずに、ごめんなさい」

とお母さんに言ったら、

「聞いてくれたというだけで、八〇パーセントは解決したようなものです。十分ですよ。担任の先生には自分から連絡を取って、やれることをやってみますから」

と言っていた。

このごろ、重たいお話しばっかりで、いけませんね。ほら、もう朝の三時だよ。明日は卒業式だ。

そろそろ眠らなくっちゃ！

おやすみなさい。

第Ⅱ章 山ちゃん流「生と性」の学習

〔写真〕高野 博

10

夏の少女の話《1》出血が止まらない

「ルルルルルー」

あらー、電話の音だ。朝の六時。まだ、六時だよ。夏休みくらいもう少し眠らせておくれ。昨晩も、テレビをダラダラ見たので眠たい。目をつむったまま、私は受話機を取った。

「もしもし、あたしよ。すみこよ」

「はぁ？　どこのすみこさん？」

「何言ってんのよ。忘れたの、田川すみこよ！」

「あー、わかった。卒業生のすみちゃん？」

「そうそう。寝てた？　ゴメンよ。山ちゃん、今日は家にいる？」

ヤバイ……せっかくの夏休みに、うるさくて元気のいい高校生たちがドッと遊びに来るかもしれない。こんな時は、逃げるに限る。

「今日？　仕事だよ。毎日出張。ごめんよー」と切ろうとしたら、
「あの……一〇分でもいいから……話したいことがあるんよ」
と、謙虚なことを言うではないか。すみちゃんらしくない。

彼女は中学の頃から大人に対してはっきりものを言うタイプの生徒だった。ある時、彼女のクラスの生徒がいじわるをされ、保健室登校のような状態になったことがあった。きっかけは机の上に《死ね》とか、《ブス》などと落書きをされたことだった。誰が書いたのかを学級担任が調べたけれど、わからなかった。

そこで、私は担任と相談して、〝スパイ〟になった。給食時間にフラリとそのクラスへ行って一緒に食べながら、中の様子を知ろうとしたってわけ。養護教諭がそんなことをする必要があるのか？と言われそうだが、落書きされた生徒は、日に日に不安定になり、突然泣き出したり、叫んだりするようになり、職員室では転校の話も出ていた。学年の教職員で話し合いをし、とにかくできそうなことは、何でもやってみようという状態だった。

どちらかというと、養護教諭は生徒から警戒されないという立場にあるせいかな、二週間後のある日、すみちゃんがスーっと近づいてきて、耳元でこう言った。

「山ちゃん、机の落書きは公次がやったんだよ。みんなが来る前、朝早くだよ。公次がやったことは、確かに悪い。でも、公次は私たちの中じゃ、悪いヤツじゃないよ。勉強はできるけど、先生の前だけでイイ子ぶって、人の悪口言うのが好きなヤツもいる。そんなヤツは先生に気にいられている。あんたには、わからんだろ」と言った。

「わからんなぁ。わからんけど、そのままにはしておけんちゃ。公次くんのこと、どげしたらいい？」と尋ねた。

「公次が、自首できるようにしたらいい」

彼女はそう言った。そして、自分がチクったことは黙っておくようにとクギをさして、その場を去った。すみちゃんの《チクリ》のお陰で、この後、事は急速に展開した。どう展開したのかは省くが、事実がわかれば、いくらどんくさい私たち教職員だって、動くことはできるもんだ。保健室登校だった生徒は、教室に戻ることができた。公次くんが、その生徒に《自首》したからだ。

「オレだっていじめられたことがある。もういじめられたくない。だから、相手は誰でもいい。いじめたら、オレはいじめられなくてすむと思ったんだ」

公次くんはそう言った。

すみちゃんはこの後、もう一つすみちゃんらしいことをした。学校の帰り道、誰かが一年生の自

転車にいたずらしてカギをゴミ箱に捨てようとしていた。ちょうど通りかかったすみちゃんは、

「おい、おまえ、そんなことをするな！」

と、その場でカツを入れたそうだ。その時いっしょにいた同級生が、

「すみちゃんって、怒るとこわいんだー」と言っていた。


あらら、思い出話が長くなってしまった。そのすみちゃんがモジモジしながら、家にやって来たのだ。ボーイッシュな髪形がよく似合う普通の高校生だ。

「何かあったん？」

「別に……」

「何もないのにここに来るかねえ」

しばらく黙ってから、私はこう言った。

「あんた、ボーイフレンドができたね」

「……うん、あの……」

「セックスしたんだね」

「……」

「妊娠かい？」

「違う。コンドームは使った。でも、出血が多かった。びっくりした。三日くらい出血したよ。私、どっか悪いのかい?」

「止まったなら、いいと思うけど」

「でも、生理の時くらいに出血したよ。多かったみたい」

彼女は、出血が心配でたまらなかったらしい。私は自分の知っている少しの知識を伝えた。はじめてのセックスで出血する人もいるし、しない人もいること。処女膜なんてひだみたいなもんで、スポーツやって、傷つくこともあるらしいこと。でも、それは、太鼓の皮みたいに張っている膜が破れるわけじゃないことをね。

すみちゃんの相手は同級生で、セックスの場所は彼の家。そう言えば、この前来た生徒も初めてのセックスは彼女の家だったと言っていた。中学一年の時だってさ。しかも、女の子の方に「やろうー」と誘われて、よくわからんうちにしてしまったと言ってたナ。あらら。

私も親の一人だけれど、自分の子どもが交際し始めた時、二人きりで部屋にこもっていたら、どうするだろうね。中学生だから、高校生だから《まさか、うちの子に限って》なーんて思って、見て見ぬふりしていたら、こんなことも起きるんだね。

彼や彼女を連れて来たら「ようこそ! 居間でみんなで、お話しましょう」なーんて言って、家族の中に引き込んでおこうか。「部屋に二人きりでいていいよ」って認めることは、セックスしてもいいよってことにつながるくらいのことだってことを、親は自覚した方がいいのかもしれないね。こんな大切なこと、もっと親子で話し合えたらいいなぁ。


すみちゃんとは、三〇分くらい話した。

「あんた、そんなに出血しても、したいの？」

「いや、痛くてぜんぜん良くなかった」

「コンドーム使ってると言ってたけど、コンドーム使っても一〇〇パーセント大丈夫じゃないんだよ。もし失敗して、妊娠したらどうするか、二人で話してる？」

「話してないよ。高校をやめて、働くつもりはないと思う。彼は私より避妊の知識がないみたいだし」

「ふーん。あぶないもんだね。あたしの友達、この前中絶したよ。結婚して子どもが二人いるんだけどね。三人は生めないって」

「コンドームを使っていたのにどうしてだろうって、びっくりしてたよ。基礎体温くらい計った方がいいんじゃない？」

「そんなこともあるんかえ……。ねえ、中絶って痛い？　山ちゃんは、初めての人が真ちゃんなの？」

ほーら、聞いてきた。子どもって、すぐプライバシーを聞きたがるんだから困ったもんだ。あたしは、話したくないことは話さないようにしてるんだけど、この日はちょっとサービスした。中絶も妊娠も出産も、話していると記憶がよみがえる。初めての妊娠はあっと言う間に流産した。あの時の、みじめな気持ちは忘れられないなぁ。

「自分の体は自分のもの。妊娠は女の体に起きるんだよ」

こーゆーことを言う時のあたしって、つい力が入るんだよなー。

彼女は、「あたし、よーく、考えてみるわ」と言って帰って行った。

11

夏の少女の話《2》

もう、男には懲《こ》りたという涼ちゃん

さあ、すみちゃんも帰ったことだし、今日はたまった家事でもするか。久しぶりに私は、スーパーに買い物に出かけた。すると、レジに涼ちゃんがいた。せまい街だから、ちょっとウロウロすると知っている人に会う。サラリと長い髪が美しく、すっかり大人っぽくなっていた。レジを打ちながら、彼女は私のかごにパンを三つ余分に入れてこう言った。

「これ、おまけ」

「いいったら。お店の人に見つかるよ」と言うと、

「いいから、持って行けよ。あたしがおごるからさー」

と言って、目で合図し、もと「つっぱり」の貫録をのぞかせた。

このパン、ヤバイんじゃないかなー。涼ちゃん、人のお金で仁義きるところがあったもんなぁと思いながら、帰って、食べた。


あの頃……涼ちゃんは中学三年生だった。彼女の荒れようといったらそりゃあ半端じゃなかった。化粧、酒、タバコ、シンナー、ひととおりやって、その後が《男》だった。そして、彼女ははじめてのセックスで妊娠した。

夏休みが終わり登校してきた姿は、つっぱりに、さらにみがきがかかっており、世捨て人みたいな目ツキをしていた。先生たちの言うことはもちろん、親の言うことにも猛反発し、授業にも出なくなった。彼女の場合、保健室に居座るという感じで、他の生徒がいるともっと態度がデカくなり、「このババー、うるせーんじゃ！」と私にも、食ってかかったやっかいな人だった。

彼女と一緒に行動するつっぱりさんはいたが、仲間はいなかったように思う。一緒にいるから仲間のように見えるのだが、いつも誰かの悪口を言い合って《安心》しようとするような、孤独な、

友達関係の中にいたと思う。

その涼ちゃんが、九月のある日、保健室にやって来てこう言った。

「遅れているんだけど、どうすればいい?」

私はとりあえず妊娠判定薬を買うことをすすめた。親とも先生たちとも会話らしいものをしなくなっていた彼女に、《すぐに親に話して病院へ行こう》と言っても通用しなかった。

結果はマイナスだった。こんな時、生徒の承諾なしに、保護者に会うべきなのか、担任に話すべきか迷った。悩んだ。でも、本人が「うん」と言わないのに、私が判断したことをやっても、涼ちゃんの場合は《余計なお世話》にしかならないような気がした。

私は、一〇日間待った。もう一度、判定薬で調べた。するとプラスが出た。

相手は一九歳の社会人だった。夏休みのある日、夜、車で遊びに連れて行ってくれると誘われ、ついて行って、公園で……。「どうしてついて行ったのか?」と尋ねたら、涼ちゃんは、「興味とスリルがあっただけ」と言っていた。

涼ちゃんは慌てた。どんなにつっぱっていてもまだ一五歳だ。はじめは、「親に言うのはいやだ。どこかに行って一人で堕《お》ろす。家出する」と言っていたが、だんだん「山ちゃんが親に話してくれ」と言いだした。私は、《親には自分で話した方がいい。どんなに怒鳴られても自分のしたことは自分で何とかするしかない。どうしてもというなら担任には私から言う》と言った。

涼ちゃんは、やっと了解した。ただし、条件つきだった。親には自分で話すが、私が同席するということになった。


この後の両親の様子は書くのがきついのでやめておく。ただ……私が一番こたえたのは、彼女の妊娠月数が予想以上に進んでいたことだった。中絶は彼女の体にとってつらいものになった。病院へ行き、母親と泣きながら痛みに耐えている姿を見た時、私がもう少し早く親に話していたら……と胸がつぶれるような……後悔をした。

でも、今、考えてみると、一緒に住んでいる親が何も気がつかないわけがない。あの頃の涼ちゃんの言動は、誰が見てもプッツンしていたから、親もどうしていいのかわからなかったのかもしれない。

中絶の手術を受ける前日だったかなあ。電話がかかってきた。彼女は声を出して泣いていた。彼女の泣き声をはじめて聞いた。

男の方は、頭を下げてお金を払って、それでおしまいだった。

あれから六年たった。一カ月ほど前、駅でバッタリ会った。

「山ちゃん、元気？」

なーんて、むこうから話しかけてきたので、びっくりした。

「あんたは？　どう？」

「あたし？　もう、男には懲《こ》りたよ」

そう言って微笑んだ。

中絶は経験しない方がいいに決まっている。でも、中絶して、それで女の人生が終わるわけじゃない。その記憶は消せないけれど、人間は、やりなおすエネルギーを持っている。涼ちゃんはまだ若い。これからなんだよなあ。


そうは言っても、夏はアクシデントの起きやすい季節だ。すみちゃんも、涼ちゃんも油断していたらいかんよ。作家・宇野千代さん（故人）の言葉に《男を好きになるのはいいけれど、男を追っかけてはいけません》というのがあった。自分のやりたいことを一生懸命やっていたら、いい男に出会うもんだってことかな？

中・高校生のみなさん、あせることはないんだよ。そんなにあわててセックスしなくても、いい出会いを積み重ねていくうちに《この人！》と思う人に出会うもんだよ。本の一冊でも読んでごらん。映画でもいい。もっともっと世界が広がるから。世の中にはいろんな人がいるんだから！　ホントだよ。

12 「性教育しちゃあいけませんよ」って何かヘン！

❇気になる野坂昭如さんのひと言

数年前の話だけど、TBSの「土曜ワイドラジオTOKYO」に遊びに行った時のこと。永六輔さんのお友達の野坂昭如さんが、ゲストでみえていて、ちょっとだけ立ち話をしたことがある。

控え室でオリの中のクマのように、ウロウロしていたら、「ちょっとあなた、何でここにいるの？」と声をかけられたので、「あたし、永さんと保健室の話をしに来たんじゃけど、なん話したらいいかわからんのです」と答えた。すると野坂さんが「保健室で何してんの？」と尋ねるので、「性教育が好きで、やりよります」と言ったら、彼はこんなことをおっしゃった。

「あーたねぇ、学校で、性を教育なんてしちゃあいけませんよ。性は教育するもんじゃないんだよ」

テレビで見ると、まじめな顔で冗談ばっかり言ってるヘンなおじさんだけど、ラジオで聞いてみると、この日も反戦についてビシっと語り込み、説得力のあるトーク。おみやげにいただいたラベンダーの小鉢もうれしかったけど、あの言葉、なぜか心に残ったんだ。「性を教育しちゃあいけませんよ」？？？？

❇放課後の保健室っておもしろい

「月経ってなあに？」「射精ってなあに？」「生まれるよ！」「性感染症」「同性愛について知ろう」「望まない妊娠」「責任について考えよう〜避妊」などなど、キリなく続く山ちゃん流「生と性の授業」のテーマ。池に小石をポーンと投げると水の輪が広がるように、教室に性のテーマを持っていくと、それなりに子どもたちが反応してくれるので、授業で知ったかぶりしてしゃべったり、子どもたちと話し合ったりするのは好きなんだけれど、本当におもしろいのは……実は、放課後の保健室なんだ。昨日もそうだった。

「山ちゃん、おるかい？」と、放課後、ノブさんとケンがやってきた。保健室のソファーに座ると、ゴロンと寝ころび、「今日も疲れたぁ」と言いながら、先月の修学旅行の話を始めた。

「もう一回行きてぇ！」と言うので、「どこに？」と尋ねると「旅館」だと言う。どうやら友達と、布団の中で朝までしゃべりまくったひとときを思い出しているみたい。話題はもちろん、中学二年生の男の子らしく（?）、性のあれこれだった。

❇ちょっと恥ずかしい話

「山ちゃん、吉岡がなぁ、オレに聞くんじゃ。セックスのとき女の子のどこに入れるのじゃろう？女の体は、いったいどうなってるんじゃろうっち」

「へ～ぇ、あの超マジメな吉岡くんがねぇ……それで？」

「去年、山田センセイが（なぜか、こーゆー時だけはセンセイと呼ばれる）授業で教えてくれたのを忘れたんか？　女の人の体はおしっこするところと、うんこが出るところと、その間にオレたちが生まれてきたところがあるっち言いよったじゃろうが。そこじゃ。おまえ、ちゃんと授業を聞いちょけ！っち言うたで」

「ふーん。あたし、そんなこと教えたかなあ」

「うん。こーんな絵を貼って、胎児の性器は男と女にいつ分かれるかち勉強したじゃねーか！　オレ、吉岡に一生懸命教えてやったんで。ところで山ちゃん……オレ、わからんことがあるんじゃけど、ちょっと恥ずかしいけど聞いていいか？」

ノブさんは、週刊誌とマンガで読んだセックスのノウハウについて、本当に女の人も気持ちが良いのか、もしかして痛いのか？　そこんところを、できれば教えていただけないかとあつかましいことを言い始めた。こんな時、ベテランの保健室のおばさんは、少年の目をじっと見つめて、サラリと答えるのです。

「そりゃあ、タイミングと相手しだいじゃ。大好きで、安心して一緒にいられる二人なら、気持ちいいかもしれんし、いい関係じゃなかったら気持ちワルイかも。女の子は、妊娠やら性感染症やら気になったら、めちゃ不安だし、誰だって気分がのらないときもあるし、くっつきたい気分の時もあるしね。気持ちイイのかワルイのかは、相手に聞いてみんとわからんもんじゃ。問題は、そんなことでもなんでも、心の中を話し合える関係があるかってことじゃねーのか？」

などと、思いつきでペラペラしゃべるあたしに、

「山ちゃんっち、やっぱ保健のセンセイやなぁ。よう知っちょる！」

と尊敬されたりするので、マジ照れた。

❇情報源は兄ちゃんの「エッチ本」

するとケンが、突然、立ち上がりしゃべり始めた。

「山ちゃん、オレはこうやってみようかと思う。女の子がここにいて、オレが横に座っていて、そんで、ジュースを買ってきてこうして手渡す時に押し倒すんじゃ。このタイミングはどうか？」

と、マジな顔で説明するかわいいアホに、保健室のおばさんは、ゆっくりつき合う。

「そこまで考えたあんたはエライ！　でも、ケンちゃん、突然押し倒さんでもいいちゃ。女の子とつき合うちゅうのは、お話いっぱいして、目と目が合って、手を握って、だんだんドキドキムラムラ伝わってくるもんよ。恋愛にも、一応順番ちあるんじゃねーの？」

「そっか」

ケンは、まだ女の子とつき合ったこともないのに、アタマの中だけでコーフンしてシラ真剣。どうやら兄ちゃんが読んでいるエッチ本が、教科書らしい。

「じゃあ、それを来週持ってきてよ、あたしも勉強するから。今どきの一三歳にウケているエッチ本には興味あるもん」と言うと、

「うん。でも……月曜日は、紙に包んでわからんように持ってこんと……もし女子に見つかったら、ヤバイ」

と、ブツブツつぶやくので、

「お礼にこの本貸しちゃるわい」

と、二冊の本を手渡した。『性・からだ・こころ』（村瀬幸浩・堀口雅子著／東山書房）と、『思春期ガイド』（河野美代子・村瀬幸浩著／十月舎）。ペラペラとページをめくった二人は、「おー！」と叫んで目をまんまるくしていた。

どうでした？　山間の小さな中学校の、ある日の保健室の会話。
まぁ、あたしができることと言ったら、目の前にいる子どもたちの知りたいことにつき合って、わかんないことは、一緒に調べるってことくらいなもんだ。教室での授業より、保健室でのワイ談のほうが盛り上がって、おもしろいような気もするし……。
子どもも大人も忙しく生きないで、放課後くらいゆっくり遊びたいもんだねぇ。

13

疑問の糸がほどけた、村瀬先生との〈保健集会〉

《村瀬先生のお話を聞き、今までなかなかほどけなかった疑問の糸がきれいにほどけて、やっとお日さまが昇った感じがしました。一番印象に残ったのは、中学生の作った歌です。〈夜ひとり　あなたに会える明日のため　ビオレ毛穴すっきりパック〉。共感でき、とっても楽しい歌でした！》
（中３／美和）

《ぼくの中学校では性教育の時間が多くあります。はじめの頃は女の人の体のしくみの図などを見ると、はずかしくて下を向く人がいました。でも、今はそんなことはほとんどありません。逆に今は、性教育の時間を楽しんで学習していると思います。まだ、これからわからないことが出てくると思いますが、村瀬先生の話を思い出し、山ちゃん先生に聞いて、僕自身が性犯罪をおこさないようにᅳ(笑)、学習を続けたいと思います》

（中2／健太）

子どもたちのこんな感想を読むと、マジに嬉しい。

保健所主催で豊後《ぶんご》高田市内の高校に村瀬幸浩さん（一橋大学講師、〝人間と性〟教育研究協議会代表幹事）が来られると聞き、「ついでにちょっとだけうちの中学校に寄ってください！」と強引にお願いして、あつかましく実現した保健集会。「ビオレ毛穴すっきりパック」じゃあないけど、心の毛穴(?)もきれいに洗われて、すっきりいい気持ちの時間だった。

そこで今回は〈正しく知ろう　性・からだ・心～村瀬先生と話そう～保健集会〉にたどりつくまでの事前学習を思い出して書いてみよう。

❇4月＝アンケートを書こう

春。ワクワクしながら各学年の教室へ行き自己紹介。

「保健室の山ちゃんです。今年もよろしくね！」

と美しく微笑み、一人ひとりと握手しながらお笑いを一つ二つサービス。その場の空気がふわっと軽くなったら、「さぁ、今年も生と性の学習を始めましょう。さて、いま知りたいことや質問をどんどん書いてちょうだいね」と言いながらマジックとカードを配る。

すると、モジモジしながら子どもたちはいろんなことを書き始める。黒板いっぱいに並んだカード全部が一年間の性の学習のテーマ。たとえば三年生の男の子。

■人はなぜ恋をするのだろう。君の瞳にカンパ～イ！

■恋って何ですか？　オレについてこいっ！

■好きって気持ちがさめる時ってどんなかんじ？

■ABCDって何？　などなど……。

今年の三年生は、なぜか恋愛に憧れているボクちゃんが多い？　それに比べ女の子の質問は――、

■妊娠中にセックスしたらどうなるのですか？

■おろす時はどうするのですか？

■避妊とは具体的にどういうことですか？

■出会い系サイトはどういうしくみなのですか？

■STD（性感染症）の種類について教えてください。

あらら……レベルが違うじゃん！

こーゆー人たちが同じ教室に混ざっているのが中学校。お肌がつるつるゆでたまごの坊ちゃんから、にきびのお花畑のようなおっさん（?）もいる中で、一つのテーマについて学び合うのが性教育の楽しいところ。さっそく職員会議でこんな提案をしてみた。

「六月にせっかく村瀬センセイが来てくださるのですから、基礎的なことは学習しておかないと、わけわかんない子どもがいたらもったいないです。各学年六時間ずつ時間を設定してください。担任または保健体育教師と養護教諭がチームを組んで、授業をしましょう」

こうして今年の性教育はすんなりスタートした。

❇5月＝授業のスタート

たとえば三年生の場合。

いきなりハイレベルの子どもの質問から授業をすると、ゆでたまごたちはついてこれない。でも恋愛に憧れている悪ガキたちならビデオ映画『若人よ――いのちと愛のメッセージ』（パオ制作／1987年作品）がいいかも？　一つの作品を二一人で見ると、二一とおりの感想が出てくるのが物語教材のおもしろいところ。「恵利の髪のリボンがダサイ！」とか、「悠子のスカートがおばさんみたい！」とか、ファッションが気になるという連中もいたけど、話し合っているうちにキラリと光る質問が出はじめた。

■拓也が電話したのに悠子はなぜココス（喫茶店）に行かなかったの？
■拓也はどんな気持ちで悠子を待ち続けたんだろう？（悠子は妊娠・中絶した高校生。拓也はその相手）
「そーなんです。女も男も話し合ってみないとわかんないもんなんです。では、次の時間は悠子と拓也になりきってココスで話し合ってみましょう！　セリフは考えておいてね！」

と締めくくるあたし。

※教室を喫茶店に変身させて

翌日、教室は喫茶店に変身し、ココスの店員がエプロンをしていい香りのコーヒーを入れて待っていた（教室の机にピンクのテーブルクロスをかけ、職員室のコーヒーを持ってきて、健太くんがウエイトレス役にハマッテいたってこと）。バックミュージックに長渕剛の「幸せになろう♪」が流れると、セリフを考えてきた二人が次つぎに前に出てきて思いを語っていく。

「あんたに、中絶したあたしのつらさがわかるの！　冗談じゃないわよ！」と怒りをぶちまける悠子にタジタジになる拓也がいたり、ひたすら謝る拓也にスパっと別れの言葉を言い、さよならする悠子がいたり、まあいろいろだったけど、やっているうちに「オレだって、中絶も避妊も知らんちゃ」「妊娠もようわからん」と気づく教室の中の拓也たち。ここで山ちゃんの出番がやってくる。

「あーら、あんたたち、なーも知らなかったのね。んじゃ一緒に調べましょう」
しかし、無情にもここでチャイムが鳴る。
「続きは次の時間。わからんことは図書館や保健室にある性教育の本で調べちょってな。じゃあまた！」

✻6月＝いよいよ保健集会

こんな授業を積み重ねながら、性について話し合う練習を続け、一カ月後の六月一八日、村瀬センセイは本当に来てくださった。当日、子どもたちから次々に出てくる質問に、わかりやすい言葉でツボを押さえて電光掲示板のように答える村瀬センセイの姿（161頁中段左写真）を、教職員が目をまんまるくして見ていた。

子どもたちの質問もなかなかイケた。「思春期ってなんですか？」から始まり、「なぜ人を好きになるの？」「村瀬先生は男なのに、なぜ性教育をやろうと思ったのですか？」と先生の歩んできた人生について質問したかと思うと、「同性愛について」「人間はなぜセックスを求めるのか」「人工妊娠中絶が増えているのはなぜか」「避妊について」と続き、「スウェーデンの性教育について」まで質問は続いた。

村瀬先生は、その一つひとつの質問にわかりやすくていねいに答えてくださり、「性を含め、自分を大人にするということは自分中心をやめ、自分と相手のことを良く理解すること」「性はいやらしいものではなく、人権に関することなんだよ」と締めくくった。

最後に前田先生がこんな感想を述べた。

「今日の講演は私のためにしてくださったと思えます。私は中学、高校と性教育を受けていません。実は高校の時、友人が性犯罪に巻き込まれ、死んでしまいました。以来私にとって性はずっと暗くて怖いものでした。もっと早く、高校生の頃先生にお会いできていたら、私の人生は変わっていたでしょう。私も学習し、力をつけ、性を自分の言葉で語っていこうと思います」


この日から、前田先生もあたしとチームを組んで性教育の授業をスタートすることになったし、保健所のスタッフもA高校へせっせと通い、高校生たちに性教育の講座を続けている。山ん中の小さな中学校で、蒔いた種がちょっとずつ芽を出し育っていっているみたいで嬉しかったナ。

そうそう帰りの車の中で、村瀬センセイはニコニコ笑顔でこんなことをおっしゃった。

「ここの中学生はすごいね！　私の目を見て、感想発表したり質問したりしていたね。びっくりしましたよ」

今月は村瀬センセイのおかげで、職場の仲間もぐ〜んと増えた。さて、二学期はどんな授業が生まれるか楽しみだよ！

14

TVドラマ『北の国から』「愛を語ろう、演じよう！」の授業

《たぶんこの学習をしなかったら、ちゃんとした大人にはなれないだろうと思った。はじめのころは「ダリ～」と思って嫌だった。この学習に関心を持ち出したのは三年になってからだった。妊娠と出産、性感染症、さまざまな性、避妊、人工妊娠中絶、ハンセン病、数え切れないほど性のことを学んだ。学習をしていてテレビカメラや新聞の取材がたくさん来て、全国でもこの学習はめずらしいんだと聞いて、とてもおどろいた。この授業を受けられた僕たちはとっても幸運だったんだと感じた。（中略）

山ちゃんとは先生じゃなくいい友達でした。今までの先生で最高だったと思う。山ちゃん、言ってたよな。「頑張ってくださいね」って言葉は他人事でイヤだって。そうじゃなくて「頑張ろう」なんだって。だから僕も高校に入って夢に向かって一生懸命やっていくから、山ちゃんも、一緒に頑張ろうぜ！》

（中３／尚人）

《性教育の時間は、よく班で話したり考えたりしたので友達の考えもわかりました。五月に学習した『若人よ――いのちと愛のメッセージ』の劇と、二月に学習した『北の国から』のセリフや表現の変わりようがすごいなあと思いました。一年間で一人ひとりの考え方がずいぶん変化しました。何だか今の自分のほうが好きな気がします。この授業で生きる選択肢が増えました。選ぶのは私です。その時に、一番正しい道を選ぶことより、後悔しない方が大切なんじゃないかなあと思います。性教育は、「こう生きたい」「こうなりたい」という自分らしい生き方に近づける授業でした。自分が少しステキに自然に変われたような気がします。生きる手助けをしてくれた授業でした。山田先生、ありがとうございました》

（中３／えつこ）

卒業文集にこんなことを書いてもらえるなんてあたしって幸せ！　今年の「生と性の学習」も、子どもたちにとって、けっこうイケてる授業だったみたい。うれしいナ！　そこで今回は、卒業前に実践した『北の国から』で、「愛を語ろう。演じよう！」の授業の様子を書いてみることにしよう。

✻記者さんもびっくり！

尚人くんが書いていたように、なぜかこの日、東京から雑誌の記者とカメラマンが来ていた。「なんでもいいから山ちゃん流の授業を見せてください」

と、突然やって来たおじさん二人は、まず一時間目からびっくりしていた。一年間の授業の復習のために子どもたち向けに作った○×テスト。「生と性の学習基礎編12問」に回答する子どもたちを見て、おじさんはあせっていた。だって二人とも、一問目の「妊娠週数を計算する時、セックスをした日から数える」からすでにつまづいているんだもん。おじさん、大丈夫？

ちなみに子どもたちは二一人中七人が全問正解。他のみんなも、一、二問間違えただけでバッチリさ。回答は、子どもたちが前に出てきて、自分の言葉で解説する。黒板に貼っていた資料やグラフも使いこなしていた。いいぞぅ～。なかなかやるじゃん！　その姿を見て、おじさんたちはつぶやいていた。

「会社に帰って、テストしてみよう。たぶんうちの社員も、できない……」

❇ビデオ『北の国から』応用編

二時間目は応用編の授業。一五歳というお年頃（?）の子どもたちは、愛や恋には敏感。『北の国から』（倉本聰脚本／テレビドラマ）の純とたまこの姿は、九州の山ん中の小さな中学校から都会へ旅立っていく子どもたちにちょっと似ている。そこで、『北の国から'92～巣立ち』編を静かに見ながら、ラストシーンを自分らしく演じる授業。コレ毎年やってみてるんだけど、おもしろいんだ。

〔ビデオのあらすじ〕

北海道から東京に出てきて暮らしている純は雨の降るある日、ガソリンスタンドでたまこと出会い、一緒に映画のビデオを見ようということになる。互いのアパートには出入りできないので、たまこは「じゃあ、ラブホテルで見よう！」と簡単な気持ちで純を誘った。ラブホテルでのビデオ鑑賞中、二人の心は揺れ動き、結果的に大人の壁を越えてしまう。〝ビデオ鑑賞会〟は毎週のように続き……ある日、運命のいたずらというべきことが起こった。

「ないの。赤ちゃんができたみたい……」

ここでストップし、みんなに質問。

「さぁ困った！　二人はなぜこんなことになってしまったのかな？　班で話し合ってみてください」

❇子どもたちの意見

■純はアダルトビデオで勉強していたから、避妊について知らなかった。
■コンドームが破れて避妊に失敗したのではないか。
■避妊を計画的にしなかったから。

と、「知識」についての意見。さらに——

■二人とも「はやく大人になりたい」と思って、焦っていたから。
■たまちゃんはビデオを見たかっただけだけど、純はびみょうにあせっていたんだと思う。

純とたまこになりきって公園でデート。創ったセリフを言っているシーン。

■純は自分の気持ちをおさえられなかったのだ。

■たまこは純が好きだったから、純に嫌われたくなかった。

■たまこも純も寂しかったから。

「やっぱ、〝心の動き〟も気になるよね」という意見も出たところで、ドラマの続きを見る。

この後、たまこは中絶をし、それを知った純は病院へ行くが、たまこのおじさん（こわ〜い菅原文太）からボコボコにされる。純は、父（五郎＝田中邦衛）と一緒におじさんの家へ謝りに行くが、畳に頭をこすりつけて、ただひたすら謝り続ける父親の姿を見る……。

このあたりで、教室の空気がピーンと張りつめ、父・五郎の人間っぽさに涙があふれる。子どもたちの心の中がいっぱいいっぱいになったところで、シナリオカードを配りながら、あたしが登場。

「若い二人にはいろいろなことが起きました。さて、一一月のある日のことです。突然、たまこが姿を見せました。この後、二人は公園へ行き、これまでのことや、これからのことを語り合います。あなただったらどうする？　純とたまこになったつもりでシナリオを書いてみてください。明日の最後の授業で演じてみよう」

ここで生まれるシナリオが、実にいい！　やわらかい感性とユニークな発想で、「別れ編」「仲直り編」「結婚編」など次つぎに物語りが創られる。

翌日は劇。あたしと学級担任の由紀センセイは、音声と照明の裏方にまわる。ちなみにバックミュージックはＣＤ「北の国から」。照明はピンク、バックのスクリーンにはビデオと同じ場面の公園を映す。小道具を持ってきて自由に演じてもＯＫ！（この授業の様子は女性週刊誌に載った！）

✻いままでの授業が全部つながって

「愛、性感染症、人工妊娠中絶……いままでの授業が全部つながっているように思えて」と子どもの声。「この授業を受けると受けないじゃ人生変わってくるネ」と取材のカメラさん。

二五年間、性教育にチャレンジしてきたあたしがたどりついたのは、こんな授業でした。二四時間に及ぶ「生と性の学習」を美しくつないでくれた『北の国から』に感謝しつつ、この章はおしまい！

第Ⅲ章 がんの宣告を受けて

子どもたちから届いた見舞いの手紙を読む

15

どーしてあたしが、がんなの？

――入院から手術まで

❇シコリ発見 ～教えてくれたのは亡くなった伯母さん

「さすが養護教諭！　きみの指は敏感だねぇー」

と、ドクターから誉められた時はイイ気分だったけど、後で本を読んだら、乳がんの四分の三は患者自身が発見者なんだって。そういえば、カミナリにびっくりして思わず座りこんだ時に、偶然しこりをみつけた友達もいたナ。

あたしの場合は、忘れもしない一月二六日のお葬式の最中。肝臓がんで亡くなったと思っていた伯母が、実は乳がんの転移だったと知り、お経を聞きながらなんとなく自分のオッパイをなでていたら……あったのです！　左の乳首から上、約八センチのところにやわらかくて芯の堅い小さなクリクリが。乳がんというと、岩のようにどーんと堅く、表面が凸凹しているものってイメージがあったんだけど、あたしのしこりは、表面を脂肪が被《かぶ》っていて、専門家でも診断に苦慮するタイプ。「よくこんなのを見つけましたね。町医者でも見落としますよ」と、ドクターが言った時は笑っちゃった。だって、そのとおりだったから。

❇病院を決める　～ジタバタして見つけたT病院

どーしてあの病院に駆け込んだのか今でもわからないんだけど、最初に行ったのは近くの産婦人科。いま考えると、「乳がんは外科で診てもらう」ってことさえ知らないアホだった。もちろん乳腺外科がある病院なんて全然知らなかった。

でも、最初の病院でドクターが触診しながら、「気のせいですよ。なんにもありません。心配なら医師会病院に行ったらいい」と言った瞬間、こりゃヤバイとカンが働いた私ってすばらしい。一〇年前に受けたドッグの触診に比べて、このドクターの触り方が超簡単だったのです。コイツ、アヤシイと感じ、翌日K病院へ。

K病院では、Rドクター（県内では乳腺で名高いらしい）に診ていただいたんだけど、エコーとレントゲン検査の結果「悪性の可能性があります」と言われた時でさえ、「じゃあ良性の可能性もありますね」などと言ってノーテンキだった私。でも「この白いかたまりのまわりを見てください。星のようにたくさんの線が映っているでしょう。これは悪性の場合に見られるんです」と言われた瞬間に、はじめてガ～ン！　よく見るとスピキュラ（星芒状陰影《せいぼうじょう》）が美しく映っているじゃありませんか。

その後、シコリ一・五センチで腫瘍の位置から考えて温存手術が可能……などくわしい説明を受けたけれど、あの時はそんなことどーでも良かった。「オンゾンって痛くない手術の名前？」くらいな程度の患者ですから、ドクターからの告知をただボーっと座って聞いてたっけ。

一応入院の予約をしてみたものの、家に帰って友達に電話しまくり、大騒ぎ。

「ちょっと聞いてぇ～。あたし乳がんなの……どっ……どうしよう!?」

とジタバタしていたら、あれこれ情報が入ってきたのです。カミングアウトすると（？）いいことがあるもんだネ。中でも看護師の友達からの助言はありがたかった。

「乳がんは、切って終わりの病気じゃないのよ。切ってからが始まりみたいなもの。病院を選ぶときはアフターケアがしっかりしているところを選びなさい。たとえばね……」とか、「○○病院の△△ドクターは、強い抗がん剤を使うから、やめたほうがいいよ」「△×病院とT病院は温存手術をやっているよ。とにかく行ってみて病院の感触を確かめてごらん」などのアドバイスは助かったなぁ。

そうそう、乳がんで手術して間もない友達からの電話もうれしかった。

「T病院の藤吉ドクターは、サイコーよ♥　話をきちんと聞いてくれるし、説明もていねい。病院の患者会も勉強になるし、いろんな人の話が聞けて楽しいよ」

三日三晩、情報をかき集め、本をしこたま仕入れて（友達が県立図書館へ行ってどっさり借りてきてくれた）キソを頭の中にインプットした後、夫と二人でかかりつけのドクターへ走り、「T病院で手術したいので紹介状を書いてよ」と頼んだのです。セカンドオピニオンなんて知らなかったから、K病院の予約は電話でキャンセルして、再び検査のやりなおし。

こうして振り返ってみると、乳がんについてなーんにも知らない人が、突然乳がんになると、あたしみたいにアタフタするんだから、頼りになる地元の患者会って必要だなぁとつくづく思う。

❇手術の選択　～不安でめげた一週間

「できれば温存でいきましょう」とはじめからドクターが言っていたので、そのつもりだったけど、マンモグラフィーで見たら、がん細胞の石灰化が左のオッパイにパアーっと広がっており、「開けてみてムリだったら切除します」とのこと。

わからないことは、メモして本で調べ、質問攻めにするクセのある私。ドクターと十分話し合って、納得がいった上での手術だったので「泣いている場合じゃない！」と自分を励ましてがんばるつもりだった。が……

入院して手術までの一週間は、夜になると病院のベッドでシクシク泣いたよ。家だと、子どもたちが不安になるので思いっきり泣けなかったもん。病室の環境も良くて（?･）、隣のベッドは膵臓《すいぞう》がんの末期の女性、前の病室は肝臓がんの末期の男性、目の前で弱っていく姿を見ながら、「おばちゃん、おじちゃん、がんばろうね」と声をかけ、死を突きつけられる日々。乳がんの患者さんも数人いたけれど、術後で腕が上がらず痛そう……。

手術が近づくにつれてやっぱ不安になったなぁ。こんな時、「そうよね。私もそうだったの」と乳がん体験者が話し相手になっている患者会の活動を本で読み、「いいなぁ！　元気になったらそんな活動をやってみたいナ」と思ったことでした。

手術は、結果的には温存でホッとしたけど、めちゃ痛かったゼ！

❇持つべきものは「いい友達」

特に手術した日の夜は、なんちゅうか……身のおきどころのない激痛が続き、おそろしく長い夜だった。乳がん患者の会《あけぼの会》のワット隆子さんの本に「朝日の昇らない朝はない」という言葉があるけど、この言葉の重みを実感したよ。病室の窓から見える海が、朝の光にうっすら輝いた瞬間、「やっと、やっと朝がきてくれた～」と泣けたもん。

翌日からは起きる練習。トイレにも歩いて行くわけだけど、ワキの下のリンパ節を取ってるもんだから、ちょっと動くとズキン！と脳天に響くので、自分でパンツさえおろせないというみじめさ。

付き添いの彼はロボットのようにあたしの命令どおりに動き、不眠不休でがんばったので、告知からすでに五キロも痩せちゃった（私は、三キロ太った……）。

病院と家が遠いため、入院中の日々の用事は伝書鳩のようにやって来る友達が、ぜんぶやってくれた。タケちゃんは職員会議がキライなのでよく学校を抜け出して、病院食の残りをきれいに食べてくれた。入院中も書き続けていた雑誌への連載は、佐藤さんが走り回って東京の出版社と原稿のやりとりをしてくれ、なんとか最後まで書けた。そうそう、幼なじみの魚屋の恵美ちゃんは、仕事を休んで山口県からすっとんできて、たまった洗濯物をしてくれたっけ。

週末にうちに帰ると、一貫も真美もなぜか良い子になっているし……うるさいのは「いつまで学校休んじょるんかい！　はよ働かんかい！」と気合を入れにやってくる母だけ。イヤダよーん、せっかくがんになったんだから、秋まで学校はお休みして、しばらくは永さんのラジオにハガキ書いたりして静かに遊んで暮らすつもりサ。その永さんからの便り（永さんとの出会いは106頁）。

「山ちゃん、僕にはオッパイのないガールフレンドがいっぱいいるよ」（あけぼの会々員／永　六輔）

❇校長室に押しかけた春ちゃんたち

がんになってずいぶん痛いめにあったけど、いい出会いもいっぱい！　たとえば、校長センセイ。

「オッパイにしこりを見つけたので、病院へ行ってきま～す」

と出かけたあたしが、「悪性でした」と泣きながら報告した時、

「あんたなら大丈夫。きっとよくなりますよ。残りの仕事は全部私がするから、すぐ入院してください」と目を赤くして言ってくれた。

バタバタと職員室の机を片付けている時も、ず～っとあたしの横に立って、

「あんたのことが心配でたまらん。書類なら私が書く、保健室も私が片付けるから、頼むから帰ってください」と言い、離れなかった。

病院にもたびたび来てくれて、子どもたちからの手紙をせっせと運んでくれたっけ。学校のことは何も話さなかったけれど、「あんたがいなくなってから子どもたちの様子がさっぱりわからなくなり、困っていますよ」と静かに笑っていた。

そうそう転校してきたばかりの典子さん（茶髪ギャル）とは、短いつき合いになってしまったので、こっそり保健室に呼んで病気のことを話した。

「あたしも、あんたのお母さんと同じ病気になっちゃった。せっかく仲良しになれたのに明日から学校に来れないんよ。ゴメンな」と言うと、彼女は涙をポロポロこぼした。

「うちのお母さんは……もう体中に転移してるの。でも、泣いて生きるより笑って生きるんだって、あきらめずに治療しているよ。笑うと免疫が高まるんだって。山ちゃん……戻って来てよー♥」

とまあ、校内でメソメソするのもヘンなので、他の子どもたちには言わずにバイバイしたんだけど、翌日、カンのいい春ちゃんたち女グループが気づいて、

「山ちゃんは、どーしたんじゃ？　なーんも教えてくれんのなら一揆を起こすゾ！」

と校長室に押しかけたとか……。さっそく全校集会を開いて、ことのいきさつを報告したそうだけど、今どき〝一揆〟ちゅう言葉を使いこなしたこの田舎者のセンス、なかなかでしょ。

そうそう、春ちゃんといえば……春休みになったとたん病院にやって来て「今日から毎日顔を見に来るけん」と言うのでびっくりした。「片道二時間もかかる山ン中からどうして？」と尋ねたら、近くの親戚の家に泊まりこんで病院に通うとのこと。「こんな時にしか言えんけど、山ちゃんのようなおとなが好きなんじゃ」とラブレターなんか持ってきたので照れたよ、照れたよ。

ちょうど入院生活に飽きてムラムラしていたので、二人で病院を抜け出して、菜の花の咲く河原を散歩したり、喫茶店にチョコレートパフェを食べに行ったりして、よく遊んだもんだ。

✻がんと家族

「どーしてそんなにやさしいの？」と言いたくなるほど真ちゃんは、イイ人。ところが愛する妻（？）ががんになったら……もっとイイ人になってしまった。彼は毎朝おいしいみそ汁とお弁当を作り、ササッと洗濯物を干し、仕事へ出かける。

「疲れることはせんでいいき、好きなこととして長生きしてな」が口癖。
子どもはもう中学生。子育ては一五歳でオシマイと思って二人につき合ってきたあたしには、タイミング良く（?）やってきた病気。二人とも親に似合わず早起きでおしゃれちゃん。学校はすぐ近くなのに朝の五時からゴソゴソして、髪だけはカンペキに広末涼子と福山雅治さ。真ちゃんほどではないけれど、そこそこに母を気遣う姿は愛らしい♥
人はみんないずれ死ぬのに、あたしは少し早いかもしれないってことだけで、家族がいちだんとあったかくなっちゃった。がんって不思議な病気だなぁ。

✻悔いのない生きかたをすると決めて

「あなたってがんばりすぎたから、がんになったのよ」

学校のセンセイから、そう言われるたびに、「仕事もボランティアも面白くてハマッていたんだから、悔いはないです」ナーンテ言ってみたいんだけど、エヘへと笑ってごまかしているあたし。簡単に人の人生わかったようなこと言うな、と心の中では思ってんだけどね。

でも、「どーしてあたしが、がんになったの？　どーしてあたしなの!?」と今でもふと考えてしまうことがある。そんな時、種村エイ子さんの本を開くんだ。彼女の本『知りたがりやのガン患者』（農文協）に、こんな言葉がある。

《あなたは、いつまで過去にこだわっているんですか？　あなたにとって、なぜがんが発見できなかったかを知るより、なぜがんになったかを知るほうがずっと大事でしょう。》

《長い間の食事やストレスが引き金になって、がん細胞がその人の一番弱いところで増殖を始めるんです。あなた自身の生活の中に、がんを作る要素があって、あなたの体の中にそれを押し止める要素がなかったということなんです。》

そういえば、がんが見つかる一年くらい前からあたしは風邪ばっかりひいていた。保健室のおばさんだから、子どもたちから風邪のウイルスでももらってんだろう……くらいに思って、咳をしながら学校に通う日々。マッサージに行ってもちっとも良くならない肩凝り。眠っても取れない疲れ。いま考えると、体はちゃんと危険信号を送ってくれていたんだナ。

この仕事を始めて二〇年。ここらでゆっくり休みなさいと、神様がプレゼントしてくれた有給休暇（無給じゃ遊べません）をフルに使って、「がんの達人」になり、患者会を作るための準備を進めるゾ！　とたくらんでいる山ちゃんなのです。

コラム

永六輔さんとの出会い

永さんとの出会いはたしか一九九七年のことだったと思う。その年の一月下旬だったかなぁ。ボランティアで参加していた歩みの会の寄村仁子さんから、「泉ちゃん、歩みの会の二〇周年記念に永六輔さんの講演会をするんだけど、実行委員をしてみらんかえ」と声をかけられた。歩みの会というのは、障害を持っている人と、まだ持っていない人が集まってイロイロやっている会のこと。私は、「やる!」と、すぐに答えた。永六輔と言えば「ラジオの神様」と言われる人! 本もたくさん出していて、寄村さんの本棚には永さんの本がたくさん並んでいた。私は、それらを借りてよく読んでいたので、以前から永さんのファンだった。実行委員をしたら、本物の永さんに接近できるかもしれない! こりゃ、良い機会だ。私はわくわくして実行委員になった。

二月三日、第一回実行委員会。

さっそく担当を決めることになった。私はチラシとチケットと看板を描くことになったのだが、気になるのは当日の係である。スターに接近するためには、受付なんてしてはいられない。実行委員会は二回、三回とスタッフが少しずつ増え、いよいよ当日の係を決めることになった。

「永さんを車でお迎えに行ってほしいのですが、誰か車を運転してくれる人はいませんか?」

と寄村さんが言った時、「これだ!」と思って「ハイ」と手をあげたらすんなり決まった。「やったネ♥」

と思っていたら、寄村さんから一つ忠告を受けた。

「あのねえ、泉ちゃん。永さんはとっても忙しい人なの。分刻みで動いている方だからお疲れになって
いるかもしれないしね。泉ちゃん、静かにしといた方がいいよ」(きっと寄村さんは、いつものように私がしゃべりまくったらヤバイと思ったのだ。)

私は素直にその忠告を受け入れ、今回は運転に専念しようと決めた。


さて当日、いつものように出勤した私は、「おはようございまーす」と職員室に入り、ふと行事黒板を見た。すると、今日の行事がひとつだけ書いてあった。

《永六輔講演会　7時30分より　中央公民館》

その横に、呼びかけのチラシも貼っている。さらに朝の職員連絡会では教頭が、

「今日は永さんの講演会です。みなさん、参加しましょう!」

と言っていた。どこが学校行事と関係あるのかわからんが、とにかく朝から学校も永さん一色だった。

校長さんも、ニコニコご機嫌で、

「山田センセ、永さんのお迎え役だってね。遅れないように今日は早めに帰ってくださいよ」

などと言ってくれるので、遠慮せずにお昼でサッサと帰った。なんせ、静かな田舎町に、《大物のエンターテイナー》がやってくるのだから、関係者(?)はウキウキしていた。

たとえばその関係者の一人ちひろちゃんの話を書いておこう。

ちひろちゃんは、小学五年生。今回は、永さんのお弁当の中身の《つくし》を摘《つ》む係だった。と書くとおおげさだが、せっかく、都会の永さんに食べてもらうんなら、お弁当は手作りでという仲間の母ちゃんのアイデアで《つくし》や《せり》《なずな》などの春らしいお弁当を用意することになった。

さて、一週間前、料理のセンス抜群の高倉さんはつくしの佃煮《つくだに》のリハーサルをした。この時はうまくいったらしいが、本番のためにちひろちゃんが摘んだつくしは、焦がしてしまったんだって。高倉さんは、前日の夜にちひろちゃんに電話をして、

「ごめん。おばちゃん焦《こ》がしたんよ。もし、摘《こ》めたら明日の午前中にちょっとでもいいから届けてくれるかなぁ」と言ったそうだ。

ここで、ちひろちゃんはどうしたかというと……夜の八時というのに、懐中電灯を持って、つくし探しに出かけたんだって。ちひろちゃんのお父さんも一緒にね。ところが、なかなか見つからなくて、やっと少しだけ見つけて高倉さんの家へ届けたのは一〇時すぎだったとか。高倉さんは、ちひろちゃんがすぐに探してくるとは思っていなかったそうで、びっくりしたと言っていた。

話はもとに戻るが、お昼で学校を出たあたしが向かったのは安心院《あじむ》文化会館。これも役得の一つだが、講演が聞けるのだ。開演は一時三〇分というのに、私と田中さんは十二時三〇分から会場に座っていた。ところが、ステージに突然、永さんが現われ、「さあ、一時間前になりました。今からリハーサルです」

としゃべりはじめたのだ。テーマは……忘れたが、村おこしの話だった。さすがラジオの神様！　二時間三〇分しゃべりっぱなし！　おもしろかったし、やっぱり聞いて得したと思った。

講演終了後、横に田中さん、後ろの座席に永さんと美人のマネージャーの佐伯さんを乗せて天津《あまつ》へ向かった。「黙っちょかんと、永さんが疲れる」と自分に言い聞かせて、真面目に運転をした、つもりだったのだが、後で聞いてみると、そうでもなかったらしい。

永さんが「あなた、仕事は何してるの？」と話しかけてきたので、「中学校の養護教諭です」と答えていたら、そばを走っていたバイクにぶつかりそうになった。通り過ぎて、ハッと気づいたら信号が赤だった。というようなことが、ちょっとあっただけなのだが、永さんにとってはとてもスリルがあったらしい。

「あぶねえ！　こんし、はよ行かいいのに！」

と、バイクの若者につぶやいていたら、「山田さん、今の言葉は豊後弁？」と、永さんが言った。

「田中さんの言葉とも寄村さんの言葉とも違う豊後弁だなぁ。なんなの？　この人の方言？」

などと言いながら、保健室のことや中学生のこと、歩みの会との出会いのことなど尋ねるので、私は普通に答えた。しかしなぜか永さんがゲラゲラ笑うのだ。

こうして、会話を続けていたら、つい気が緩んで私はこう言った。

「この車、新車なんです。永さんを乗せるのだから私の軽自動車では失礼かなと思って、夫のを借りたのです」

「そうか、そんなに気をつかわなくても良かったのに」と永さん。

「はい、お会いして、軽で良かったなぁと思いました」
と言ったら、後ろから頭をコツンとやられた。

車は一五分で、会場のお寺に着いた。ここで私の役目は終わったと思い、満員の会場で（五百人も入っていた！）「老いとハンディキャップを考える」の講演を楽しく聞いた。

「さあ、帰ろう！」と思ったら、永さんが「やまだいずみー」と言ったので、「なんじゃろうか？」と思って近づいて行った。すると佐伯さんから、住所と名前を書いてくれと言われた。東京のラジオ番組でちょっと話がしたいと、永さんが言っているとのこと。本当かなぁと思ったが、電話番号まで書いてみた。

翌日だったか、永さんからハガキが届いた。分刻みで動いているスターは、やることが早い。そして、一週間後の土曜日、ホントに永さんから電話がかかってきた。「今、ラジオの生番組中なんです」だって！私は、永さんとちょっとだけ対談したのだ。

数日後、佐伯さんから手紙とカセットテープが送られてきた。その番組を録音したものだった。「山田泉もたいしたもんだ」と思って、自分の声をテープで聴いてみたら飛び上がるほど恥ずかしくなった。このテープは誰にも聴かせられん。私一人の宝物にしておこう。そして、私が永さんの年齢になったとき聴いて、今回の出来事を思い出して、楽しも～っと！

あ、そういえば聞くのをコロッと忘れたんだけど、ちひろちゃんが摘んだツクシのお弁当、永さん、おいしかったですか？

16

一五年ぶりの咲子ちゃんからの便り

《あけましておめでとうございます。

お正月に届くよう送りたかったのですが、お餅つきで忙しくて送れませんでした。泉はおかげ様で元気になりました。そのせつは大変ご心配をおかけしました。あなたの温かい心が身にしみ、涙しました。少しですがお菓子をお送りします。子どもさんのおやつにしてください。》

さっき、母が荷造りしていた菓子箱を、こっそり開けたらこんな手紙が入っていた。《オニの目にも涙》という言葉があるけれど、オニも正月にはこんな手紙を書くのか……とびっくりしたよ。送り先は兵庫県の咲子ちゃん。へぇ〜、母もたまにはイイことするじゃん！

あれは咲子ちゃんが小学五年生の頃だった。

弟の孝くんと一緒に転校してきた日、職員室の端っこでオレンジ色のジャージを着て縮こまって立っていた姿を思い出す。二歳のころ母親がいなくなり養護施設で育った二人が、どーゆーわけか突然父親の元にひきとられることになり、この町にやってきたらしい。

あたしって、昔からそうなんだけど……気になる子どもと出会ったら、瞬間に動物的カン（？）が働き、自分からスタスタと近づくクセがある。

咲子ちゃんの時もそうだった。保健室に来ることはあっても、自分のことは話さず、友達の横で寂しげに微笑んでいる彼女のことが、どーしても気になり、作戦を立てて家に連れ込むことにしたんだ。

冬休みが近づいたある日、「暇ならうちの店でアルバイトせんかい？」と誘ってみた。すると、彼女はと〜っても嬉しそうにうなずいた。（えっ？　小学生にバイトさせていいのかって？　見っからなきゃいいのよ！）〈注・当時あたしは小学校に勤務してた。〉

私たちは、休みの間中一緒によく働いた。

雪のちらつく田舎道を、朝から晩までクリスマスケーキやら餅の配達に走り回ったっけ。咲子ちゃんは、あたしが見込んだだけあって働き者のイイ相棒。二人でおしゃべりしながら、一緒に食べて寝て、楽しかったぁ！　でも、中学に入学したとたん、なぜか黙って転校してしまった。

と、当時のことを思い出していると……あたしが、いかにノーテンキな保健室のお姉ちゃん（まだ23歳）だったかを思い知らされる。実は咲子ちゃん、父親からひどい虐待を受け続け、ヤバイ状態だったのです。ガ〜ン！

あの電話がかからなかったら、知らないままだった。

「あのぅ……一五年前にお世話になった者ですが……覚えていますか？」

乳がんの手術を受けるため、バッグに入院セットを詰め込んでいる私に突然の電話。どこかで聞いたような声だけど、えらくおどおどしてる。こんな忙しい時にいったい誰じゃ⁉と、キョトンとしていると……

「先生のこと忘れたことありません」と涙声。

「あーその声思い出した！　さ……咲子ちゃん⁉　久しぶりー。どうしてる？」

と、はしゃぐ私に、彼女はこう続けた。

「お礼も言わず転校してごめんなさい。今は結婚して、夫と子どもと三人で幸せにやってます。やっと気持ちが落ち着いたので、ひと言お礼が言いたくて電話しました。あのころ、父の暴力がひどくて私……毎日おびえていました。弟は鎖でつながれて殴られていました。ある日、父が暴れだして、私のセーラー服をナイフでずたずたに切り裂いたんです。このままだと『殺される』と思って、裸足で家を飛び出して走って逃げていたところを、たまたま通りかかった女の人が、遠くの知り合いの所に逃がしてくれたんです」

びっくりした。そんな目に遭っていたなんて、私も周りの教師たちもまったく気づいていなかった。あぁ、なんと……情けない大人たち❢

入院の荷造りはそっちのけでおしゃべりした後、がんのことを伝えると……咲子ちゃんはオイオイ泣き始めた。

「すぐに死ぬわけじゃねぇんで、切ってからが始まりみたいな病気なんじゃち。そんなに気を落とさんでよ」

と、がん患者から慰められた咲子ちゃんは、すぐにお守りと蘭の花を送ってきてくれたっけ。そして、病室には何通も手紙が届いた。照れるけど、その一部をちょっとだけ見ておくれ。

《病気のことを聞いたとたんおもわず泣いてしまってごめんなさい。本当はそちらに帰って先生の顔を見たいのですが、父に私の消息を知られることが恐ろしくて戻れないのです。～略～

あれから一五年がたちました。家に泊めてもらったこと、喫茶店やうどん屋さんに連れて行ってもらったこと、すごくおいしかったしうれしかったです。ボランティアの人たちから手話を教えてもらったりもしましたネ。それから、お餅の配達に連れて行ってもらったり、あわゆき作りを見せてもらったり、先生のお母さんにヒレカツを作って食べさせてもらったり……とてもおいしかったです。

世の中には先生のように私を助けてくれた人がいる、ということが支えでこれまで生きてこれました。あのやさしさ一生忘れません。父の恐怖はいまだに心の傷として残っていますが、まわりの親切な方のおかげで、今は幸せです。小さいころから親の愛情がなかった分、自分の子どもにはそういう思いはさせてはならないと思っています。

月謝が払えなかった私にお金を届けてくれた先生のお母さんの顔、はっきり覚えています。心から感謝しています。どうぞよろしくお伝えください。

咲子》

この手紙を病室で読んだ母は、目をウルウルさせていたっけ。父が作り、母が詰めたお菓子セット。早く咲子ちゃんに届けなきゃ。

では、宅急便屋さんに行ってきま〜す！

17

インフォームドコンセントもぶっ飛んだ放射線治療

どんなことでも初体験はドキドキハラハラするもんです。

温存手術の説明の時、「放射線治療」という言葉をドクターから聞いた瞬間、チェルノブイリ↓被曝↓はだしのゲン……というイメージが頭の中でぐるぐる回り、「あたし、髪抜けるんですか……?」と的はずれの質問をしたことを思い出す（そういえば、がんと聞いたとたん、帽子を買ってお見舞いにかけつけたあわてんぼの友達がいます）。

私の場合、二月一七日に左乳房の温存手術（四分の一切除）を受けたのち、その病院を退院し、大学病院で三月九日から二六回の放射線治療を受けるために通院というパターンだった。

私は痛いのがキライだ。術後三週間たつのに左手がどうしても上がらず（上げるとイタイのなんのって!）半泣き状態だったが、放射線医から、

「今日は位置を決めるから、ズレルと困るんだよ。そこに寝て頭の上まで腕を上げて」とサラリと言われた時も、「よーし、がんばらなきゃ」と自分に気合を入れて耐えたのだった。しかし、上半身はだかのままあおむけになっている私のオッパイを、医学部の学生たちやドクターが、じい〜っと見るのだから……イヤな気分。

「腫瘍がここにあったから、ここと、ここに照射」

淡々と説明してオッパイにマジックでバッテンを次つぎにつけていく。こーゆー時に、「山田さん、ちょっと学生に説明しますから」と患者の了解を取ったりしないところが、患者を人間と思ってないんだよねえ。しかも、スイッチ一つで上がったり下がったりするはずの診察ベッドが途中で何度も故障して、ガチャン！と動かなくなるんだから、ただでさえ不安ながん患者はまっ青……。

このあと、どの位置にどう照射するかドクターが説明してくれたのだが、シロウトが気になるのは副作用だもんね。

「同じ病室だった人が、放射線治療は体がだるくてきつくて途中でやめたくなったと言っていたので心配です」と言ったら、「は？　そんな人はめったにいないです」「肺炎を起こした人も一人だけです」と無表情で答える。なんか……このドクターにはあたしの不安なんかどうでもいいことなんだナと、ビンビン感じちゃった〜

「放射線治療はきつくないですよ。心配しないでね」

と声をかけてくれた看護師さんの笑顔だけが救いだったのを思い出す。

〔医者への注文〕治療中の乳がん患者は不安でいっぱいなんだから、質問にはもっとていねいに答えてよね！

照射（一回の照射時間は三〜五分）に慣れてきたころ、オッパイのやけどがヒリヒリ痛くなる。日焼けみたいに赤くほてったオッパイをタオルに巻いたアイスノンで冷やす毎日。病院のパンフレットには、冷やすのは照射後三〇分くらいと書いていたけど、ヒリヒリするので一晩中冷やしたっけ。寒かった！

不気味だったのは、放射線技師さんのキャラ。会ってもしゃべらない→笑わない→すぐいなくなる（照射が始まると操作室からモニターで様子を見ているから、すぐいなくなるのはあたりまえなんだけどネ）。『乳ガン治療・あなたの選択』（近藤誠／三省堂）に書いてあったあのページを思い出してしまった。

《「未熟な照射技術による怖さ」——人には能力差があります。放射線医もその例外ではありません。どの放射線医がどの程度の能力・知識を持っているか、外から判断できないのが怖いのです。〜略〜能力の劣る放射線医に照射されて、後年、障害が多発することを心配しています。》

そんなこと言われたら、どうすりゃいいのかわかんなくなるってばぁ！　近藤さんの本っておもしろいんだけど、時どきグサッと心臓刺されるから、アタマが混乱する。

〔放射線技師さんへの注文〕患者はロボットじゃないんだから、注意ばっかりしないで、人間らしい言葉のひとつでもかけてよね！

ついに、やってきました。吐き気と食欲減退。

中日を過ぎたころから、体が鉛のように重く感じ、だるくて眠たい、気のせいかと思っていたんだけど、ごはんの湯気を見てもオエーッ。みそ汁もダメ。横になってゴロゴロしても気持ち悪い。朝から吐き気が強いので看護師さんに相談したら、「最後の三日間は電子線の照射でね、前から当てたので、肺にかかったのかも!?」と言われ診察室へ。その日の放射線医師は高木ブーみたいな、ニコニコおじさんだった。ラッキー！

「たぶん治療の副作用ですね。よくがんばりました」と言って、吐き気止めを処方してくれた。

「そう！　あんたのそのひと言が患者の心を軽くするんだよ！」と、心の中で誉めてあげました。

そんな中で、せめてよかったことをあげるとしたら「乳がん」と告知を受けた時から、外科医と納得のいくまで手術や治療方法について話し合えたこと（言い方を変えると、私がドクターを追っかけて質問攻めするたびに、きちんと答えてくれたこと）。温存手術を受けたT病院には放射線治療の設備がなかったので、外科医の紹介で大学病院へ通ったワケだが、病院の感触の違いを肌で感じたナ。インフォームドコンセントなんて、ぶっ飛んだもんネ。

ちょうど一緒の時期に、放射線治療を受けた乳がん患者さんは、仕事に通いながら照射を続けていた。おまけに毎日の家事もこなしているとのことで、びっくり。私は、この際ナマケモノになろう！と、家事はもちろん、仕事も休職して、あれからずっとのんびり過ごしているせいか、吐き気も治まり、体調もまずまず。他のことは考えず、治療に専念できたこと。それが、一番ヨカッタことかな!?

18

がん仲間で励まし合う「ミニ患者会」

乳がん友達、坂本さんの顔が黄色くなってきた。

抗がん剤治療も三クール目に入ると、点滴針を刺したとたん、洗面器をかかえてゲロゲロ状態。しこりはあたしと同じ一センチちょっとだったのに、なぜか肝臓に転移していてヤバイ。白血球も一五〇〇まで下がり、四クール目が打てないと、嘆いている。

「坂本さん大丈夫かなぁ。一緒に顔を見に行こうえ」

電話で安藤さんを誘い、四度目の家庭訪問。去年の秋、柿をちぎっていてしこりを見つけたという彼女は、紙袋いっぱいの《あおし柿》をかかえてやってきた。

「山ちゃん……あたしねえ、経口抗がん剤飲むのやめたよ。アレ飲むと下痢が続いてね。夜中に六回もトイレに行くの」

坂本さんも安藤さんも最近出会ったばかりの四〇代の主婦。

やりたいことは口に出して言い続けているとなんとかなるもので、「患者会を作りたい。作りたい」と寝言のように言っていたら、友達が口コミで宣伝してくれ、いつのまにかミニ患者会（五人）ができちゃった。と言っても、自転車こいだら会える距離に住んでいる乳がんおばさんを見つけてかき集め、おしゃべりしているだけだけどね。

「えっ？　どんな話をしてるのかって？」。書いていることが本人たちにバレたら怒られるかもしれないけれど、がん患者の悩みを知ってもらうためにコッソリ書いてみることにしよう。

乳がん患者にもいろんなタイプの人がいる。自分の病気を誰にも知られたくない！と隠しまくるおばさん。がんのことなんか忘れて仕事や趣味に生き、元気なフリしてるけど、実は疲れているおばさん。せっかくがんになったんだから「がんの達人」になろうと目覚め、やたら本を読み、知ったかぶりして人に教えたがるおせっかいおばさん（あたしのこと！）。こんなバラバラタイプが集まると、話はあっちに飛んだりこっちに飛んだり（医者の悪口、看護師の悪口、夫の悪口、食べ物の本、がん治療の本の交換ごっこなど）めちゃくちゃなんだけど、共通していることは、みんな自分の話を聞いてほしいと思ってるってこと。

もちろん最初はあたしからの突然の電話に敬遠していた人もいたけど、来てみればおもしろいこともあるのです。何度か集まっているうちに、最近はエッチな話をマジでする仲になってしまった。

おっぱいを切り取るということが、夫婦にとってどんな意味を持つのか？　おっぱいを残して、がんの部分だけ切り取ったあたしには、彼女たちの思いはわからない。でも、話を聞かせてもらううちに、いつか再発したら、彼女たちと同じ手術を受けるんだ……と気づきジーンときちゃった。

「うちの人、まだ傷を見ようとしないの。私に気をつかってくれているのかもしれないけど、胸にさわらなくなったの」「うちなんか上は脱がないまま、裸にならないセックスになったわ」「うちはもともと冷めた関係だから、今さらねえ。でも、本当はもっとやさしく触れてほしいの」「瀬戸内晴美（寂聴）が書いているようなめくるめく快感なんてまだ味わったことないの。あなたは？」「私もないわよ」……なーんてドッキリするような話を次つぎするのよ。いちいち「えー！」「はぁー!?」とびっくりしているあたしを横目で見ながら、おばさんたちはこう言った。

「山ちゃんって、それでも性教育の先生？」

永田さんは、五人の中では一番〝元気ながん〟とつき合っている。手術して一年の間に、首や腋の下に次つぎま～るいグリグリのがんができ、そのたびに強い抗がん剤で押さえている。髪はすっかり抜け落ちカツラをかぶっての出勤の毎日。

「もう仕事休んで家にいたら？」とあたしたちが言うと、「家にこもってたら気がヘンになるの。仕事して人に会って笑っているほうが楽なの」とニコニコ。「抗がん剤は、何使ってるの？」「何クールやってんの？」と尋ねても「知らないわ。お医者さんにまかせてるから」とニコニコ。

「でも、あと五年は生きなきゃ。子どもが高校を卒業するまではネ」と言いながらちょっと涙ぐむ。よく笑いよく働く永田さんの体は抗がん剤に強く（？）吐き気も軽く元気そう。人間の体って不思議だねー。

上野さんは小学校の教師。私と一緒に「あけぼの会」秋の大会に上京してから、彼女の生活はコロッと変わった。術後すぐ学校に復帰し、体調が悪くても休まずがんばってきた彼女は、学習していくうちに、「この病気を甘くみてはいけない。できないことは正直に言って周りの人に助けてもらおう」と思うようになったって。さっそく職場の人に理解してもらおうと、職員会議で《乳がんについて》の研修会を持ったんだって！

病気とつき合っていく知恵を、一人ひとりが見つけてその体験を出し合い、話し合いながら一歩を踏み出す姿ってステキだと思う。

そうそう、来月は安藤さんの誕生会をするんだ。「一年間、生きられて良かったネ！」と心からお祝いし、「上を向いて歩こう」をみんなで歌うのです。楽しみだな♥

19

おばちゃん、お互い生き延びようなー

《みなさん久しぶりです。

そうです。一貴です。こちらはＶｅｒｙ ｃｏｌｄですが、日本は暑いですか？ 夏バテしていませんか？ お母さんは、体に気をつけてください。今日はホストファミリーと一日中ずっーと一緒に過ごしました。下手な英語を一生懸命使い、なんとか少し《英語》というものの本質が見えてきました。学校はとても楽しいです。あと10日間楽しく過ごそうと思っています。Good bye

8月4日　　　　　　　　　　　　　　　　　　　　　　一貴》

オーストラリアの一貴から、カンガルーの絵ハガキが届いた。半年前には「お母さんの病気が治るまで、ぼくはどこにも行かない」なーんて言ってたくせに、舌の根もかわかぬうちに旅立つんだから子どもはあてにならない。夏休みになったとたん、パーマをかけて、ハリネズミのような髪に変身し、新聞で見つけたホームステイの旅に、飛んで行っちゃった。

娘の真美はカナダへ行ったっきり音沙汰なし。彼女は、あちらで馬に遊んでもらっているらしい。

二人とも、生まれた時から貯めていたお年玉の貯金をつぎ込んで、すっからかんになって戻ってくる予定。すると……またお金がほしくなる→親はあてにならない→働くしかない→いつでも雇ってくれるお菓子屋さん（じいちゃんの店）へ通う→ばあちゃんから怒られながらコキ使われる→ど根性がつく……というぐあいに、年寄りは楽をして、子どもはお金をゲットするというこのサイクル。すばらしいじゃあありませんか。おまけに、あたしたち（あたしと真ちゃん）は久しぶりに二人っきりになれて、今年の夏は新婚気分なのさ♥

なのに、真ちゃんは浮かない顔をしている。そうなんです。明日は待ちに待った（？）あたしのがんの半年検診なのです。ＣＴやレントゲンで肝臓や肺や骨に転移してないかどうか調べるんだけど、彼はこの日がイヤでたまらないと、うつむいている。

「たしかに再発や転移が見つかるとコワイけど、乳がんは全身病だもんね。どこに転移してくるかは誰にもわからないんだから、くよくよしたって仕方ないよ！」

といつものように、彼を励ましていたら……ピンポーン。

お客さんだ。足をぶるぶる震わせて玄関に立っているのは、光子おばちゃんだった。

「あんたの顔、見たかったんよー。ああ……元気そうで良かった。私の病気少しずつ進んでなあ。ほら」

一年ぶりに会うおばちゃんは、左腕もゆがんで靴を脱ぐのもやっとだった。

「パーキンソン病もやっかいな病気やなあ。お互い運が悪いよね」

と言うと、おばちゃんはニッコリ笑った。それから一時間くらいおしゃべりしたんだけど、病人同士の話ってちょっとおもしろいのよ。

「お医者さんから、あと一〇年は生きられるだろうって言われてるんだけど、今まで書いてきた日記とか捨てようかな、残しておこうかなぁ？」

「そりゃ、動けるうちに身の回りは片付けたほうがいいよ。でも日記を焼くのはもったいないで。

あたしも、生きてるうちに本でも書いておこうかな?」

「それもいいなぁ。告知をうけた瞬間っち、テレビドラマでも見ているような気分じゃもんなぁ。左手がしびれるんですけどってお医者さんに言ったら、『いずれ右手もしびれます』なーんち言われて頭の中真っ白になったたっちゃ」

「あたしもね、レントゲン見ながら『きれいに映ってるね。ほら、ガンが石灰化してキラキラ砂のようにちらばってるでしょ』って言われた時はビビッたよ」

おばちゃんは、「元気な人には言えないけど、あんたには言えるよ」と、途中から涙をポロポロこぼしながら話してくれた。一番つらいのは、同じ病気の人が進行して、動けなくなっているのを見た時だって。まだ少し歩けるので、沖に出て漁を続けているんだけど、今までできていたことがだんだんできなくなり、悔しいと泣いていた。

帰る時、車を追っかけて、でっかい声であたしは言った。

「おばちゃーん!　お互い生き延びようなー」


がんになって、病気の人の気持ちが、ちょっとずつわかるようになってきた。先週は、直腸がんのAさん。その前の週は、乳がんがあっちこっち転移してヤバイBさん。その前は、エイズの新しい治療にチャレンジしているCさんが会いに来てくれた。

こうして、〝難病ともだち〟と話がはずむ（？）ようになったのも乳がんのおかげかナ？　と思いつつ、この田舎町で《乳がん患者の会》づくりを着々と進めている山ちゃんなのです。

20

「オードリーの会」発足記念会は永六輔講演で大成功！

《昨日はたいへんなご成功で、おめでとうございました。お客さんが多くて驚きました。永六輔さんのお話は期待どおりおもしろく、感動しましたし、藤富先生のお話やスタッフのみなさんのステキな笑顔にはホロリときました。オードリーの会の底力を見ました。女性のがんばる姿はたくましく、さわやかで、美しい！　泉サマ、ピンクのスーツがとってもお似合いでしたよ！

二〇〇一年七月二日

月刊ミックス編集部　有田》

今日は朝から、こーゆー嬉しいファックスや電話が、ひっきりなしに届いている。乳がんおばさんがスクラム組んでチャレンジした講演会は、多くの人たちに助けられ、涙、涙の大成功だった。
そこで今回は、彼女たちのパワー炸裂三カ月をふりかえってみようと思う。

◐——3月

「みなさん、ビッグニュースです。あの永六輔さんが、七月にこの会に来てくださるかもしれません」

できたばっかりのオードリーの会（おおいた乳がん患者の会）で、突然あたしが報告をした時、二〇人の乳がんおばさんたちは「あら嬉しい！」「楽しみねー」と手を叩いて喜んでいたっけ。

「あたしたち、ビョーキだから、大きな会場の準備はムリよね。今回は小さな会場でゆっくり永さんのお話を聞きたいですね」ってなことを言うと、みんなニッコリ。

いつもそーなんだけど、あたしって見通しが甘いんだなー。当日五百人を越す大講演会になるなんて、この時は予想もしていなかったもん。

◐——4月

さぁ、活動開始。一八歳のころから、ボランティア活動にハマッていたあたしは、「講演会」と聞くと血が騒ぐ。チラシやチケット作り、友達への押し売りやマスコミ回りなどには、慣れているサ。

でも、ガンになってパワーダウンしているので、三百枚のチケットを扱うエネルギーがあるんかな？　ちょっと不安だった。

〔助っ人・その①〕＝谷さん

「ねぇ谷さーん。あたしたち今度永さんの講演会するの。パソコンでチラシ作ってみたんじゃけど、色がイマイチ決まらんちゃ。こげな時はプロにアドバイスしてもらうんがいいと思うて電話したんじゃ」

谷さんとは、五年前、薬害エイズの運動のさなかに出会ったんだけど、仕事は腕利きのデザイナー。さっそくパソコンで案を送り見てもらった。すると、

「泉さん、この曲がった線路はなんかえ？　地球の上にひっついちょるヘンなのは人間のつもり？」

と、あたしの力作ははじめっからコケにされた。そして、あせって説明しているあたしに、彼はこう言った。

「仕方ねぇなぁ。僕が作っちょくわ。お金？　患者会なんじゃゃき予算ねぇんじゃろ？　デザイン料はいらんちゃ。印刷は、知り合いの印刷屋に頼むから実費でいいわ」

こうして、あっと言う間に、立派なチラシが千枚できあがった。ラッキー！

〔助っ人・その②〕＝藤富先生

あたしのおっぱいを手術した病院の副院長藤富先生は、ピンチのたびに助けてくれるいのちの恩人。オードリーの会を立ち上げる前の準備の段階からず〜っと応援してくださっているおもしろいお医者サマ。

五月のある日、診察のため待合室をウロウロしていたら、藤富先生とバッタリ会った。

「あー山田さんじゃないか！　どう？　講演会の準備進んでる？　僕チケット何枚預かろうか？　えーっと、とりあえず三〇枚。ポスターは病院の掲示板に貼っとこうね。チラシは受付に置いておくといいよ。どっさりね。そうそう、うちの病院の心臓外科部長がラジオ番組やってるから、それに出て宣伝したら？　大分放送に言っとくからね」

この日から二カ月間、T病院の待合室やホールのいたるところに、こんな張り紙が貼ってあった。

永六輔講演会前売りチケットあります。２階乳腺外科受付へどうぞ！

別府では、人気のある大きな病院だから、置いても置いてもチラシはあっという間になくなるし、預けたチケットは全部売れて足りなくなったもんね。

藤富先生は、よくこんなことを言う。

「あのね、患者には〝イイ患者〟〝ワルイ患者〟ってあるんだよ。山田さんは、どー見てもワルイ患者の代表だね。医者にとってワルイ患者がもっともっと増えなきゃ日本の医療は変わらない。そのためにも、オードリーの会、がんばってほしいんだなぁ」

●――6月

〔助っ人・その③〕＝大下さん

五月の終わりに、かずみさんが亡くなった。乳がんが脳と骨髄に転移して、逝ってしまった。四三歳だった。彼女のことを書こうとすると、今でもグッと息が苦しくなり書けなくなるんだから困ったもんだ。泣いても泣いても涙が止まらないお別れだったけど、一つだけ救いがあった。それは、一緒にオイオイ泣ける仲間がいたこと。

大下政子さん。彼女との出会いがなかったら、私はいつまでも立ち直れなかっただろうナ。

新聞やテレビに出て「乳がん患者の会を作りまーす」と宣伝しまくり、「別府に集まりましょ！」と呼びかけてみたら、二〇人の見知らぬ乳がんおばさんが集まってきた。その中の一人が大下さんだった。たったひと言のあいさつであんなに人を笑わせ、引き付けるおばちゃんは見たことなかった。

「おっぱいがないってことは、私の強みでもあります。たとえば夫とケンカをした時、『この傷が目に入らぬか！』と夫の前で、ない胸をペロンと見せるのです。すると夫は、『ハハーッ！　まいった！』と下がります。アッハッハッ！」

この話で会場はパアーッと明るく和やかな雰囲気になり、拍手、拍手。六六歳のキラリと輝く瞳に惚れたあたしは、「事務局はこのおばちゃんに頼も！」っと心の中で決めちゃった。

でも、はじめっから、「ジムキョク」って言葉を使ったらきっとビビルだろーと思い、「永さん講演会のチラシに、大下さんちの電話番号を載せたいんだけどいい？」と言ってみたら、「なんかよーわからんけどいいよ」とあっさりＯＫしてくれた。まさか二百件近い問い合わせの電話が、この後殺到するなんて夢にも思っていなかったさ。

あれから今日まで、何度大下さんちに通ったか数え切れない。講演会の準備と打ち合わせもいーっぱいしたけど、かずみさんの最後のお見舞いも二人で行った。

亡くなる一〇日ほど前のことだった。モルヒネでウトウトしているかずみさんに、

「顔を見に来たでー。講演会には車いすに乗っておいでよー」と声をかけたら、

「わぁー、会いに来てくれたん。行きたいなぁ。でも体中が痛いの。背中も腕も足も」

とベッドの上で体をくねらせ、つらそう……。オロオロして突っ立っているあたしの横で、大下さんは、

「よう、がんばりよるなぁ。はよ良うなろうえなぁ」

永さんの講演は開演30分前から。ユーモアたっぷりの話に会場は爆笑！

と言いながら背中をさすっていた。

五月二四日の朝、二人の子どもさんを残し、かずみさんは亡くなった。妹さんから連絡を受けた後、あたしたちは受話器を握りしめたまま大声で泣いた。あたし一人だったら、マイッていたかもしれない。

❇いよいよ講演会当日

書き尽くせないほど、たくさんの助っ人に支えられ、なんとかたどりついた「七月一日」。しかし、その日も、朝早くから電話の音。

「山田さーん。いなり寿司百個できました！私がつけたお漬物も持って行きますから。お茶もお箸もコップも準備してますから。私にできることはなんでもさせてくださいね」

と安部さん。

500名を超す参加者に会場は満員。床にも人、人、人……。

「山田さーん。サンドイッチはトマトとレタスで作ったわよ。炊き込みご飯は阿南さん。シソのおにぎりは白根さん。井崎さんがそばの入ったいなり寿司を作ってくるわよ。阿部さんと黒田さんと小林さんはおやつのお菓子」と報告してくれるのは会計の阿辺さん。

「山田さーん。永さんにお茶を出す係は、私のお友達のお茶の先生に頼みましたよ。永さんは熱いお茶がいいのかしら? 冷たいお茶がいいのかしら? 私はチケットの清算で頭がいっぱいだから、お友達にボランティアを五人頼みましたよ。会場の準備は私たちにまかせて、安心して永さんをお迎えに行ってね」と、最後の最後まで気遣いをしてくれ、二百枚のチケットを一人でさばいてくれた事務局の大下さん。み〜んな頼もしい乳がんおばさん。「講演会の準備なんて生まれてはじめて！」と言いながら、まるで遠足に行く小学生のようにコーフンぎみ。

夫たちは、麦わら帽子をかぶって炎天下で駐車場係。そうそう、野田さんが外の係だったので、「こんな暑い日に乳がん患者が外の係りじゃきついでしょ？　誰かに代わってもらおうか？」と電話したら、「山田さん、あたしは〝患者〟じゃないよ。《乳がんサバイバー》と呼んでちょうだい。外に一時間立つくらい、まかせてちょうだい」と快く引き受けてくれた。

一二時三〇分。予定通り永六輔さんを会場へお連れする。運転手は真ちゃん。

超多忙な中、東京からすっとんで、ボランティアで来てくださった永さんは、ちょっとお疲れぎみ。少しでもゆっくりしていただこうと講師控室へ……と思っていたら、スタスタ歩いて逆の方向へ行っちゃった。あらら永さん、そっちは、スタッフ控室！「おばさんたちに早く会わなくっちゃ」とみんなの中に入り、「このいなり寿司はおいしいね！」と言いながら気さくにおしゃべりしている永さんの姿は、カッコよかったナ。

えっ？　それで、講演会はどうだったかって？

もちろん大好評！　開演三〇分前からステージに立ち、場内整理をしながら、とっておきのお話をサービスでやってくださった永さんにお客さんは大喜び。あのお話と超満員の会場の笑いと涙、スタッフの熱気をどう書いたらいいのかわからないので、参加者のみなさんが書いてくださったアンケートの一部を紹介しておしまいにしよう。

◆オードリーの会の会員の方がとてもたくましいのに少し驚きましたが、苦しい病気と闘った結果やさしく強くなったのだと感じました。そして仲間とめぐり会えたことも大きな要因だと思います。私は肝臓ガンですが、時々自分の余命について不安になります。ガンを克服した人と出会いたいですね。(37歳)

◆三年前、子宮頸ガンで手術しました。皆さんの活動を知り、何があっても負けられないと勇気をもらいました。最後まで輝いて生きていきたいですね。

◆私は脳腫瘍の手術を受けました。肝臓ガンの妻と、胃ガンで消化器全部をやられている近所のおばさんと、私の娘の四人で参加しました。涙がこぼれないように一生懸命上を向いて歌いました。あなたは本当に美しかった。

◆今日の私は本当に幸せでした。実は私も難病で、毎月の診察のたびにおびえながら生活しています。永さんに逢いたくて杵築《きつき》からきました。いつ失明するかわかりませんが、まぶたに永さんの顔を焼きつけて帰ります。(67歳)

◆先月検診で胃に腫瘍の疑いがあり、再検診を受けるよう言われ、そのままにしていました。このまま死んでもいいと思っていたのですが、実はこわがっていたことに今日気がつきました。素直じゃない心でした。もっと強くならなければと皆様を見て反省させられました。（54歳）
◆妹がガンで亡くなりました。一三年前ですが、その時にこんな会があったらとしみじみ思い出されました。ありがとうございました。（67歳）
◆久しぶりに、「上を向いて歩こう」をうたいました。歌を忘れて生活していたようです。
◆歌いながら涙がとまりませんでした。これからも明るく元気に生きなくてはと思いました。（54歳）
◆私は看護学生です。病院実習のときは乳がん患者さんを受けもたせていただきました。同じ女性として、その実習時にもショックを受けたのは確かです。でも、このような会があることを今日知ることができ、生き生きとされているみなさんを見て、とても有意義なときを過ごすことができました。（21歳）
◆講演を聞いて、人と人との絆がどんなに素晴らしいかを感じました。オードリーの会を心より応援したいと思います。（62歳）
◆さまざまなエピソード、そして人々をひきつける話術、ラジオの永六輔さんそのままでした。笑わせて、そしてホロリとさせて、そして聞いている人と人とを重ね合わせる。学ぶことの多い講演会でした。（26歳／FMおおいた）

第Ⅳ章　「いのちの授業」から人権学習へ

21

教頭先生とチーム組み「いのちの授業」

❇消えずに残っていたメッセージ

びっくりしたなぁ～。

二年前の二〇〇〇年二月一日、保健室の黒板のはしっこにこっそり書いて帰ったメッセージが、そのまんま残っていた。あの時は突然休職するハメになったもんで、子どもたちにさよならも言えずに入院したからね。涙をグッとこらえて白いボードに書いた文字。

「みんなへ　元気で帰ってくるからね　㋳」

当時の子どもたちはみ～んな卒業してしまい、あたしのことを知っている生徒はいないのに、よく消えずに残ってたなぁと思い、新ワルガキ三年生、良太くんに尋ねてみたら……

「先輩から、これは絶対消すなっち言われちょったんじゃ」とのこと。

山ちゃん、ジーンっと、イイ気分になったのもつかの間、良太グループはその日から保健室に乱入し、冷蔵庫の氷を食べまくり、テーピングを引っ張ってはポイと捨て、ベッドでプロレスごっこをしては二年生の首を締め、ものすげぇ暴れよう。

「こら！　暴るんな！」と休み時間のたびに大声出しているうちに、病み上がりの体は一週間でズタズタ。二年ぶりの学校は、なんだか荒れていた。

ボードに書き残したメッセージが２年間、消えずに残っていた。　〔写真〕朝日新聞社提供

　職員会議のたびに名前があがる良太くんは、学生服のボタンをはずし、赤シャツをベロンと出しピアスを光らせ、風をきって歩いてはいるのだけど、校長先生から注意されると「ハ

イ」と素直なフリして身なりを整えるんだから、まだまだカワイイワルガキなんだけどね。

でも、時どき学校に来る《保健室登校の由美ちゃん》に対して「オマエはいいのおー。教室行かんでここにおってなんしょんか。オマエなんか学校に来んな！」とバッサリ言ってしまうので、山ちゃんはブチキレて怒る↓気づいたら頭がクラクラ。ヤバイ！　このままでは死んでしまう（?）

……と思い、三年生の教室へ殴り込みに行く決心をしたのサ。

この際、自分のがん体験を〝武器〟に、ワルガキ軍団にカツを入れよう。しかも、今回はもう一人のがん患者、教頭先生を誘い二人でチームを組んで授業にチャレンジしたんだけど、おもしろかったで～。

では、「山ちゃん流いのちの授業」のはじまり～♥

✻今のままの生き方でいいのかナ？

二〇〇二年四月一九日／五～六限／総合学習（三年19名）

【5限目】


「みなさん、こんにちは！　新学期が始まり二週間がたちました。おかげさんで保健室は満員御礼で、私はヘトヘトです。特に三年生は毎日よく暴れてくれますね。たとえば……」

と、日ごろのワルガキたちの乱暴ぶりを紹介すると、目をそらしてうつむく……ヤツなどいるはずもなく、「あっ、オマエのことじゃ」「あっ、オレのことや」と言いながら友達をつつき、「いやーそれほどでも」とニッコリ照れている。《このアホタレが！》と怒鳴りたい気持ちをグッとかみ殺して静かに微笑み、

「みんなも知っているように、私は二年前、乳がんの手術を受け、現在もホルモン療法の治療中です。毎日こんな薬を飲んで、がんが体中に広がらないようにしているのですが、副作用でつらい日もあります。お医者さんからは、一日に一回は思いっきり笑うと体にいいですよと言われているんですが、このクラスにはお笑いの天才がいますよね。彼のおかげで、私は毎日、保健室でおなかをかかえて笑っています。ではどうぞ！」

と良太くんを前に連れ出し、お得意の一発芸を披露させる。

予定通り、大爆笑。緊張ぎみの教室の空気はパッと明るくなり、ワルガキたちもノリノリ気分。うふっ！（ワルガキは間違って使うと爆発しますが、正しく使うとキラリと光ります。）

「でも保健室にいると気になることがあってねえ……（と突然、しんみり語る）冗談のつもりなんだろうけど、この前、私に『オレ、がんでーす』って言った人がいたんよ。あたしはね、そのくらいのこと気にしない性格なんだけど、ちょっとびっくりしたな。でも、もっとびっくりしたのは、この授業の前にみんなに書いてもらったアンケートの結果です。『最近、友達から何げなく言われた言葉で、つらかったことはありますか？』という質問に、クラスの半分の人が、体つきのことや成

績のこと、家のことや部活のことで友達から言われてすごくいやだって書いていました。このままでいいんやろうか？と思って、今日は教頭先生と一緒に教室にやって来ました」

「では、アンケートにあった、みんなからの質問に答えながら教頭先生とあたしが体験したことを話します。まず、最初の質問……」

【がんになった時、一番知らせたかった人は誰ですか？】と書いたカードを黒板に貼り、

「みんながもしがんになったら、一番知らせたい人は誰かな？」

と尋ねる。すると、すぐに反応する良太くん。

「山ちゃん、そげなことっち、なってみらんとわからんちゃ～」

「そうやなぁ。でもな、日本人の三人に一人はがんになるという時代なんよ。それになぁ、勉強ちゅうもんは、想像力を働かせんとなぁ。頭を働かせて考えてみい」

と言うと、サッと素直に書き始めるんだから、まるで子どもみたい。あ、子どもじゃった。
■がんになった時、一番知らせたい人
親＝七人、家族＝三人、妹＝一人、友達＝四人、誰にも言わない＝三人、みんなに言う＝一人
（ちなみに良太くんは誰にも言わないと書いていた。やっぱね！）

❇教頭先生ががんの告知を受けたとき

「では、本当に告知を受けた教頭先生の話から聞いてみましょう」と言い、教頭先生登場！

「私の場合、どういう気持ちやったかと言うと、親にだけは言いたくないなと思いました。私はいま四九歳です。親は七八歳なんですけど、一番知られたくないのが親であり、知らせないといけんのが親でした。親より先に死なないことが一番の親孝行やと私は思うてましたから、自分ががんと言われた時、四五歳でしたが、親より先に死ぬのか、まだ死にたくないと恐怖がつきまといました。私の親は私が退院するまで、メシを食いながらも泣き通しだったそうです」

教頭先生は、去年の秋に肺がんが再発して、再手術したばかり。ここまで話したところで教頭先生の目に涙がいっぱい。おっと、ここで山ちゃんにバトンタッチ。

「では、私の場合を話します。私が最初に知らせたかった人は、この人です」

と、言いながら黒板に赤のチョークで《愛する夫》などと、ぬけぬけと書き、おっぱいにしこりを見つけた日のこと、突然の告知、その時の気持ち、病院の帰りに車の中でオイオイ泣いて、友達に電話したこと、死が怖くて眠れなくなり、難病の友達に電話し、話を聞いてもらったことなどをイッキに話した。

「いま思い出しても、夫に心から感謝してるし、ピンチの時に大切なアドバイスをしてくれた友達がいてくれて本当によかったなぁと思うよ」

では、二つめの質問――**【がんの治療はどれほどつらいのですか？】**

再び、教頭先生登場。

「抗がん剤療法の時、吐き気でメシが食えない。白血球が少なくなり、抵抗力が弱くなる。でも一番いやだったのは、毛が抜けていくことやった。枕にいっぱい髪がつく。シャンプーしたらどっさり抜ける。わき毛もチン毛もない（笑）。なんでオレだけ、こんなめにあわんといけんのか！と思いました。でも、生きたいんですよ！　生きたいから、生きたいから、がまんして治療を受けました」

聡子さんや、美和子さん、真樹さんが、泣きながら、目を真っ赤にして聞いている。達也くんがつぶやく。

「やっぱそういう立場にたつと、きびしいもんがあるんやなぁ……」

（前半の授業が終わって、子どもたちが泣きながら、あたしに近づいてきて感想をしゃべる。どうやら、身近な人の死を思い出してしまったみたい。）

❇がんになった時、一番支えてくれたのは？

【6時間目】

「休み時間に真樹さんがね、おじいちゃんが、がんで亡くなった話をしてくれたんだけど、よかったら真樹さん、みんなの前で話してくれない？」と山ちゃん。

「あの……教頭先生の話を聞いている時に、お父さんの話を思い出しました。おじいちゃんは、父がまだ一一歳の時に肝臓がんで亡くなりました。その時の父の気持ちを思うと、どんなにつらかっただろうって……」（ここで、なんとなくみんなが拍手。）

「私も、教頭先生の話を聞きながら、自分の治療の時のことを思い出しました。私の乳がんの場合は……」

と、放射線治療を二六回受けたことにふれ、手術は温存手術だったこと。この性格なので、「がんじゃ！　がんになった！」と騒ぎまくったため、友達がいろんなことを調べてくれて情報が集まり、四つの病院をハシゴし、納得のいく治療を選べたこと。オッパイが残って、いまんとこ満足してるっちゅうこと。でも再発を防ぐために、しんどい薬をあと三年間飲み続けなくてはいけないことなどを話し、「くじけそうになったあたしが、ここまで立ち直れたのは、まわりの人たちの支えがあったからだったなぁ」と結び、同じ病気で次つぎに亡くなる友人を思い、作った歌をＣＤで聴く。

あなたを思って（山ちゃん作詞、友達のふくちゃん作曲）

♪聞こえるよ　伝わるよ
あなたの思い今ここに
「死ぬのはちっともこわくない

だけど子どもが気になるの」
涙で聞いたその思い
あなたを思って集まるよ
子どもとともにオードリー

❇みんなには、本当の友達がいる?

歌は、教室の空気をあたたかくするんだよねー。

「さて、こうして私と教頭先生は死と直面する病気とこれからもつき合っていくわけですが、しんどい時に一番支えてくれたのは誰ですか? というあたりについて、教頭先生に話していただきましょう」

「うちの女房は仕事をやめて、毎日毎日看病をしてくれました。家族が支えてくれるのは、当たり前と言えば当たり前ですが、心から感謝しています。しかし、家族以外にはげみになる人、それは友達でした」

と言い、ひとつ上の先輩、中学時代の友人、うわべだけのつき合いではなく、なんでも話せる親友が助けてくれたことを話した。そして山ちゃん。

「ちょっと目をつむってごらん。みんなには、本当の友達がいる? つらいときに、何でも話せて何でも相談できる友達がいる人は手をあげてごらん？」

するると……手を上げたのは一七人中三人。ここで山ちゃんがカツ（！）を入れる。

「なんで、本当の友達ができんのか考えてみい？　保健室でみんなの言葉を聞いていると、めちゃくちゃやわ。やさしい言葉はほとんどかけない。冗談のつもりかもしれないけど、相手が傷つく言葉を平気で言う。一人や二人やない。ほとんどや。あとね、陰でコソコソ人の悪口を言って、そのことがまわりまわってその人の耳に入る。こんなことをしよったら、本当の友達ができるはずないって。あんたたちががんにかかるかどうかは、わからん。けど、人生には誰も必ずピンチがくるで。その時に、本当の友達が一人もいなかったら、乗り越えていけんと思うよ。人間にとって大切なものは、テストでいい点取ることじゃないで。人は皆いつか死ぬんや。最後は家族に囲まれて、いい友人に支えられて静かに亡くなっていく。私はもう、何人も見てきたよ」

と言いながら、山ちゃん自身が職員室の先生たち、卒業生たち、親たちに、この二年間どんなに助けてもらったか、ウルウルしながら話したのサ。

❇「オレは死なない！」

この後、ビデオ（ＯＢＳニュース「乳がんと闘う〜家族や患者仲間、医者の支え」）を八分間見る。主役の患者は、もちろんあたし。そして、「グループセラピーの効果〜イギリスの乳がん研究」のクイズを班に分かれて考え、友達同士でワイワイガヤガヤ意見を出し合いながら、予想→発表という、いつもの班討議の段取りで、しっかり盛り上げた。ちなみに、その内容とは――

【イギリスの乳がんの研究ではどのタイプの人の経過がよかったでしょうか？　自分はどのタイプか考えてみよう。その後、班に分かれて経過が良いと思う順に並べてみよう】

①闘争心を持って立ち向かう、つまり病気に負けないぞという強い気持ちを持った群　――二人
②冷静に受け止め、医師に言われたことを忠実に守って適切に対応している群　――七人
③がんであることを知り、もうだめだとあきらめたり、絶望的になってしまっている群　――三人
④がんであることを忘れているかのように否認している群　――担任の森田先生も入れて六人

正解（①→④→②→③）は一つの班のみ。他の子どもたちの意見は④→①→②→③が二つの班。①→②→④→③が一つの班でした。そして、

「イヤなこと言われっぱなしのイイ子ちゃん、いつもガマンばかりしていたらイザという時にたたかえませんよ～。反撃も練習しなくっちゃネ」

「ムカツクとすぐに壁を蹴って、キレそうになっているボクちゃん。日ごろから言いたいことを相手に伝えるトレーニングをしておかないとピンチの時に弱いかもネ」

などと、美しくまとめたのです。最後のまとめの中で「この中で、死なない人はいますか？」と尋ねてみたら、良太とカズが手を上げ、大ウケしていたっけ。

「オレはみんなを見送ってから逝くぞぉー！」などと叫び、スキあれば笑いをゲットしようとするこのド根性。ワルガキは授業のスキマを埋める必需品です。

❇教頭先生と山ちゃんからのメッセージ

【山ちゃんより】

①限られた時間を大切に

②病気は突然やってくる（日頃から相手に自分の考えを伝えるトレーニングをしておこう。ムカつくとかキレルとかはピンチを乗り越える力にならない。）

③人間は最後まで助け合うことができる

【教頭先生のメッセージ】

①お互い、悔いのない人生を送ろうや

②いじめは死の恐怖さえ越えてしまう

③友達は生きる希望を与えてくれるものってな感じで、この日のいのちの学習は、ひとまずおしまい。

森田先生が「今日は、掃除をせんでよいから、今から授業の感想を書こう」と、掃除免除の大サービスをしてくれたせいか、子どもたちの感想には文字がびっしり。その一部を紹介して、終わりにしよう。

えっ？　翌日はダウンしなかったのかって？　もちろんぶっ倒れて年休。でもね、この日から、保健室で怒ることはめっきり減って、「山ちゃんに迷惑かけるな！」な〜んてワルガキたちが、気をつかってくれるようになったのさ。めでたし、めでたし！

✻子どもたちの感想「がんに学んだこと」

◐――このクラスには、本当になんでも言い合える友達はいないのかなと思った。「お前はオレの財産だ！」と言えるヤツが現れるといいな。そして、オレ自身がそんな人になろうと思った。

◐――オレのじいちゃんとばあちゃんは、がんで亡くなりました。じいちゃんは三年前に亡くなりました。今、もう一人のじいちゃんが、がんと闘っています。オレは子どもだけれど、じいちゃんをちょっとでも支えたい。死んだ後に「あの時、もっとやさしくしてやればよかった」とか、後悔はしたくない。実際オレは後悔している。「もっとじいちゃんと話せばよかった」と。だから、今、がんとたたかっているじいちゃんに対して、後悔しないように、力いっぱい支えてあげたいです。そして、困った時に本当に話し合える友達がほしいし、そんな人になりたい。（↓コレは良太）

◐――今日の授業は感動しました。やっぱり自分がピンチの時、助けてくれるのは家族、友達なんだなぁと思いました。たまにはウザイと感じる家族も、大切にしようと思いました。友達やまわりの人にやさしくできる人になりたい、そして自分の大切な命の小さな灯火を自分で消すようなことは決してしてはいけないと思いました。

◐——教頭先生や山ちゃん先生の話を聞いて、もっともっといろんな話を聞いてみたいと思いました。本当にがんにかかった先生たちの話を聞いて、いろんなことを考えました。僕がもし、がんと言われたら、まず友達に言えるような、そんな「親友」をつくりたいと思います。これからは友達と接する時、もっと考えて行動し、話がしたいと思います。また山ちゃんと授業がしたい。

◐——私は、今の自分の生活を考え直していきたいと一番強く思いました。それは、教頭先生や山ちゃん先生にはいる「友達」がほしいからです。表向きだけではない、本当の友達がほしいからです。そのためには相手が傷つくことを言わない、言わせないように心がけたいなと思いました。人の気持ちがわかるように、いろんな角度から見て、大変そうな人にやさしい言葉がかけられるような、そんな人になれるよう、がんばりたいな。

◐——オレが今まで、心にもとめず友達に言っていたことが、もしかしたら傷つけてたのではないかと思うと、悪いことしたなぁ！と思います。

22

外部から「心の先生」招き、生きることを学んだ授業の二年間

教頭先生とチームで取り組んだ「いのちの学習」は、その後七〇時間に及ぶ「総合的な学習の時間」のスタートとなった。

授業の準備を進めながら、「今、子どもたちに何を伝えたいのか」「子どもたちは何を求めているのか」を教職員で話し合った結果、二年間にわたって外部から「心の先生」を招き、「生と性」をテーマに、「生きること」を学ぶ授業を創造していくことになった。

02年度に取り組んだ「いのちの授業」は、生徒たちが「こんな授業をもっと受けていろんな話を聞いてみたいと思いました」とその感想に書いたように、私たちの予想をはるかにこえて、生徒が自分の問題として「いのちの問題」を考えることが明らかになった。

「いのちの授業」を通して生徒たちの心に何か伝わるものがあったと確信した私たちは、こうした機会を重ねることで生徒の心を揺り動かしていきたいと考え、二〇〇三年度も取り組みを続けた。

◈2002年度「いのちの授業」１年間の取り組み

（この年度に取り組んだ「いのちの授業」は、総合的な学習の時間のほか、道徳、保健集会など多様な形で取り組まれた）

■「かけがえのないいのちを生きる」
（４月19日／教頭、養護教諭、担任）
■「ぼくが見た東ティモール～いのちと平和の尊さ」
（５月２日／東ティモール国連選挙監視ボランティア・小野　久）
■「いまを生きる～いのちの大切さについて考えよう」
（６月７日／ホスピス患者・植田妙子）
■「言葉の大切さについて考える」
（６月28日／大分放送アナウンサー・千綾奉文）
■「夢をかなえるために」
（７月11日／車いすマラソンランナー・廣道　純）
■「言葉の使い方について～俳句作りを通して考える」
（７月18日／俳句の会「桂声」穴瀬信之）
■「宇佐航空隊掩体壕から見えるもの～平和について考える」
（８月６日／松木邦夫）
■「写真の世界に学ぼう」（10目18日／写真家・石松建男）
■「自分らしく生きよう～性同一性障害について考える」
（10月28日／作家・虎井まさ衛）
■「ホスピスからのメッセージ」（11月18日／徳永悦子）
■「夢をつかもう」（11月23日／元総理大臣・村山富市）
■「いのちの授業」（12月２日／放送作家・永六輔）
■「今若い人たちに伝えたいこと～ＨＩＶ感染者として」
（12月３日／嶋　陽一）
■「右足の書道家・池上さんから学ぼう」
（１月23日／書道家・池上昇、荒金大琳）
■「薬物について知ろう」（２月12日／薬物防止キャラバン）
■「自分って何だろう。良いところ探しをしよう」
（２月21日／臨床心理カウンセラー・加藤真樹子）

準備は一カ月前から始め、外部講師について調べたり、生徒（生徒会、保健部・実行委員など）が会いに行ったり、資料をつくるなど、当日までの事前学習を大切にした。そして当日は生徒が進行し、感想も必ず書くことにした。

「いのちの授業」が軌道にのるまで大変な努力と時間を要した。これは、校長をはじめとする教職員の協力体制なしにはできなかったことである。特に、担任と養護教諭を軸に、教職員が役割分担しながら支えていったことで大きな成果に結びついたと考えられる。職員の負担増などさまざまな課題を抱えての取り組みであったが、生徒たち一人ひとりの心の変容を十分感じることができた。

「いのちの授業」の取り組みを始めた頃は「ダリー」「めんどいー」「感想発表やらしとねぇ」「なんゆうていいかわからん」「前に出とねぇ」などと言っていた生徒たちが、二年後は集会のたびに前に出て、講師の方の目を見ながら堂々と発言し、言葉だけではなく行動する姿に大きく変わっていった。「バカ、死ね」などの言葉はいつの間にか聞かれなくなっていた。生徒たちの人間関係があたたかく、やさしく変化していったように思う。助け合い、学び合うことの喜びを実感した子どもたちの姿に、励まされた二年間だった。

この「いのちの授業」の取り組みで、私たち教職員が一番学んだことは、大人が自分をさらけ出して生徒に訴えれば、生徒の受け取り方は真剣になるということだった。

◈2003年度「いのちの授業」１年間の取り組み

■「保戸島空襲を体験して～命と平和の尊さ」
（５月２日／伊東文子）
■「かけがえのないいのちを生きる」
（５月23日／教頭、養護教諭、担任）
■「正しく知ろう、性・からだ・心～生と性について語ろう」
（６月18日／村瀬幸浩）
■「ホスピスから見えるもの～今を生きる」
（６月20日／医師・藤富　豊）
■「『私』は大切な人ですか？～養護施設から見えるもの」
（７月11日／衛藤祐治）
■「たたかわない〈ちえ〉へいわな〈くらし〉」
（８月６日／湯布院「亀の井別荘」中谷健太郎）
■「あの日からこれまで　そして今から～パラリンピックへの挑戦」
（10月17日／近藤直樹）
■「ギターのおじさんは普通の人だった～部落差別について考えよう」
（11月４日／山末博俊）
■「ハンセン病と人権」（11月７日／弁護士・徳田靖之）
■「ようこそ阿部智子さん」
（11月12日／ハンセン病回復者・阿部智子）
■「考えよう未来の地球 ～水俣からのメッセージ」
（11月29日／柏木敏治ほか）
■「明日天気になぁれ～部落差別について考える」
（12月2日／宮崎　保）
■「地域の文化財と私」（１月23日／富貴寺住職・河野英信）
■「あなたが戦場に立たないために」
（２月９日／元アメリカ海兵隊員アレン・ネルソン）
■「人はそこにいるだけで価値がある」
（2月12日／助産師・内田美智子）
■「自分らしく表現しよう～書くことを通して」
（３月19日／漫画原作家・毛利甚八）

◈「いのちの授業」 2002年度の取り組み

〔4月19日〕初めてのいのちの授業。教頭先生と山田養教の二人が、がんの告知と心の動揺、苦しみについて生徒に語った。

〔写真左〕教頭先生、〔上〕山田教諭。

〔6月7日〕ホスピス患者の稙田妙子さんに「命の大切さ」について話を聞く。死に向き合って生きる姿から学ぶ。

〔6月28日〕大分放送・千綾奉文アナウンサーの「言葉の大切さ」。言葉が人の心に与える影響の大きさについて考えた。

〔7月11日〕車いすマラソンの廣道純さんによる「夢をかなえるために」と題した講演。保護者の多数の参加もあった。

〔10月18日〕「写真の世界に学ぼう」と題して石松建男さんの講演。校内に暗室を作り、写真を現像する学習にわくわく。

〔10月28日〕性同一性障害に悩んだ虎井まさ衛さんに話を聞き、少数派であるがゆえの苦しみや悩みについて考えた。

〔11月18日〕植田妙子さんの友人で、お連れあいをホスピスで看取った徳永悦子さんが来校、家族の思いと夫からの最後のメッセージを語った。

〔11月23日〕大分出身の村山富市元総理が「夢をつかもう」という演題で、巡り合わせのチャンスを自分のものにするために何が必要かを講演してくださった。

〔12月２日〕永六輔さんの「いのちの授業」。亡くなられたお連れあいの話や、脈々と受け継がれてきた命の話を笑いもまじえて語り、「だからいのちを粗末にしないで」と結んだ。

〔12月３日〕嶋陽一さんが「今、若い人に伝えたいこと」と題してエイズについて語り、「自分の問題として考えよう！」と呼びかけた。

〔２月12日〕久留米から薬物防止キャラバンカーが。薬物取締捜査官だった安部幹雄さんの説明を聞き、薬物は１回の使用でもだめなんだということがわかった。

〔１月23日〕右足の書道家・池上昇さんと、荒金大琳先生が来校。荒金先生の指導で「てん書」に挑戦（上）、12メートルの用紙に池上さんと全校生徒の作品が結集した。写真下は、両手が不自由な池上さんが右足でてん書の「群」を書いている。

〔２月21日〕臨床心理カウンセラーの加藤真樹子さんに「自分って何だろう。良いところ探しをしよう」の主題で自己理解と友達との話し方、聞くことの大切さを学習した。

◈「いのちの授業」 2003年度の取り組み

〔５月２日〕保戸島空襲の被害者である伊東文子さんの話を聞いて、戦争の悲惨さを知り、平和憲法について話しあった。

〔５月23日〕「かけがえのないいのちを生きる」の授業。がん体験を語り「君はどう生きる？」と問いかける教頭先生。

〔６月18日〕「思春期の性・からだ・こころ」について、子どもたちの悩みや質問に答えながら村瀬幸浩さんが講演。

〔６月20日〕ホスピスの院長である藤富豊さんを招き、「人はどう死を迎えるのか」「人は生きたように死ぬ」と死を学ぶ学習。

〔７月11日〕児童養護施設の指導員衛藤祐治さんが「私は大切な人ですか？」と題して授業。体験学習を取り入れ、目を隠してペアで校内を回る子どもたち。

〔8月6日〕湯布院の中谷健太郎さんが「たたかわない〈ちえ〉平和な〈くらし〉」と題して、平和授業。

〔10月17日〕近藤直樹さんが事故で片足を失ってから水泳を始め、パラリンピックに出場するまでを語ってくれた。

〔11月7日〕ハンセン病国家賠償訴訟西日本弁護団長の徳田靖之さんを招き、ハンセン病と人権について学習を深めた。

〔11月12日〕菊池恵楓園から大分出身の阿部智子さんを招き、ハンセン病回復者の生の声を通して、差別や偏見について自分自身に問いかける授業をした。

〔11月29日〕水俣を歌う柏木敏治さん、水俣病患者語り部の永本賢治さん、もやい直しセンターの徳留さんを文化祭に招き、水俣からのメッセージを語っていただき交流。

〔12月２日〕宮崎保さんが歌とトークで、人権コンサート。部落差別について考える人権学習を深めた。

〔１月23日〕国宝富貴寺の住職・河野英信さんが地域の歴史を語り、文化財を守ることの大切さを語った。

〔２月12日〕助産師の内田美智子さんが、いのちが生まれる現場から、実感を込めて、命の尊さを語ってくれた。

〔２月９日〕元アメリカ海兵隊員のアレン・ネルソンさんが「あなたが戦場に立たないために」というテーマで、ベトナム戦争の体験を語り、子どもたちに大きな感動を与えた。

〔３月19日〕マンガ作家の毛利甚八さんが「自分らしく表現しよう～書くことを通して」のテーマで授業。全員が実際に作文を書いて、その場で添削してくれた。

コラム

保健室の秘書になった由美ちゃん

ワルガキ良太から、ハガキが届いた。


《暑中見舞い申し上げます。

いや〜それにしても暑い日が続きますな〜。一学期は山ちゃんのおかげで植田妙子さん、千綾奉文さん、廣道純さん、松木邦夫さんが学校に来てくれ、いろんな授業が受けられて、とってもおもしろかったです。

二学期もどんどん交流したいですな〜。

あと、やっぱり山ちゃんの生と性の授業が一番心に残ったよ！　山ちゃんの授業は分かりやすいし、何といっても命の大切さがわかったよ。暑い日が続くけど、体に気をつけてね〜！

良太》

糸ミミズのような眉毛に、ライオンキングのような髪の毛、制服のシャツをズボンからペロンと出し、日々廊下を走り回り、友達にスキあらばプロレスのワザをかけまくるワルガキが、こんなカワイイ文章を書くんだから、不思議だねー。

一学期の授業がきっかけで、ワルガキたちはだんだん猫のようにおとなしくなり……というのはウソで、相変わらず生徒指導の瀬尾センセイから、ネチネチよく怒られていたっけ。そんな中、誰がなんと言おうとへっちゃらな子が、たまにいるんだ。その名は、由美ちゃん。

朝は、『水戸黄門』を見終わってから一一時頃、自転車こいで保健室にやってくる→ソファーに座って、好きな小説を読みふける→たとえば瀬尾センセイが保健室にやってきて「教室で勉強しなさい」などと声をかけようものなら、「うるさいんじゃ！　あっちいきよ！」と一喝。くどく言うと、かばん持ってサッと家に帰るので、瀬尾センセイ手も足も出ず退散→保健室で読書→給食は生徒が保健室に運んでくれる→食ったらまた読書→夕方、いつのまにか消えていなくなる→翌日欠席。

ある時、「あんた、どーして保健室にいるの?」と尋ねたら、

「私は、学校なんか行きたくないんじゃ。父ちゃんが家にいてうるせーからここにいるだけじゃ。あたしに話しかけて読書のジャマせんで！」

と怒られた。二年ぶりの学校に、初々しい気持ちで保健室のドアを開けた山ちゃんは、この《態度のでかい保健室登校さん》にビビったもんね。

でも、よーく見ていると、由美ちゃんは良太軍団の前では子猫のようにおとなしい。休み時間、良太たちがドカドカと保健室にやってくると、由美ちゃんはすみっこへ移動する。狭い保健室なので、満員御礼になると、ぶつかることだってある。良太は「どけ」と言い、由美ちゃんはうつむいて壁にくっつく。へンだなぁと思って担任に尋ねたら、由美ちゃんが教室に行かなくなったのは小学校の四年生の頃からで、

いくつかの原因の一つに、良太たちの存在がコワイからってことがあるらしい。

五月のはじめ、良太軍団は一人ひとり、生徒相談室に呼び出された。と言っても、あたしが勝手に連れ込んだだけ。

「オレ、最近なんも悪いことしてねーっちゃ！　なんでオレなの!!」

と、ドアにへばりつく良太に、山ちゃんはささやく。

「あんたにお願いがあるの。あんたしかできないこと♥」

「ん？」

「由美ちゃんを卒業式に出したいんだ。今のままだと、保健室から一歩も出ない。同級生に卒業式に出なかった人がいるなんて、お互い良い思い出にはならないもんよ」

「オレ、そげなことどーでもいい」

と、出て行こうとする良太のシャツを引っ張り、つぶやく山ちゃん。

「元気な頃のあたしだったら一人でがんばるんだけど、ビョーキだしねえ……いつまで生きられるやら」

と、殺し文句。

「わ……わかったよ。で、なにすりゃいいん？」

「朝、保健室に来たら由美ちゃんに、おはようってあいさつしてくれ」

「それから？」

「それだけ」

この会話を放課後三日間に分けて、ワルガキを一人ひとり連れ込んでやっていたら、ドアの外に校長センセイが立っていてこう言った。

「何をしているか知らんけど、感謝しています。ありがとう」

翌日から、突然「おはよう」などと声をかけられた由美ちゃんは、何年ぶりかのあいさつに戸惑っていた。「あの人たち、なんで私におはようち、言うんかなぁ？」と不思議そう。過去数年間に起きたトラブルを糸のもつれをほどくようにたどると、恨みつらみがあれこれ出てくるだろうけど、あたしってそーゆー話し合いは苦手。山ちゃんのできることは、せいぜいワルガキを弟子にすることくらいサ。

保健室にはいろんなお客さんがやってくる。新聞記者、ラジオのアナウンサー、テレビの人、がん末期のおばさん、車イスマラソンの銀メダリストのお兄ちゃん、東ティモール選挙監視ボランティアのおじさん、地元で特攻隊の記録を記録しつづけているお坊さん、写真家など。みんな、あたしのお友達♥　そしてみ～んなボランティアで、全校の子どもたちに授業をしてくれた。良太くんは、そのことを暑中見舞いに書いてたんだけど、ヘンな大人が次つぎに保健室にやってくるせいで、由美ちゃんは読書をしている暇がなくなった。

珍しく『水戸黄門』が始まる前に登校→保健室にお客さんが来る→お茶を入れる→話を一緒に聞く→客から何かと意見を求められる→仕方ないからしゃべる→お見送り→片付け→山ちゃんの下書き指導案の清書、並びに集会の原稿書き→辞書をひきながら誤字のチェック→ヘトヘト。

由美ちゃんは、保健室登校のプロから《養護教諭秘書》に昇格（?）し、六月からは良太くんのクラスの性教育の授業に出席するようになってしまった。といっても彼女にとって教室という場所は、幽霊屋敷のように不気味なところなので、あたしの横に座って打ち合わせ通り資料を貼ったり、読んだりする《助手》のポストだけどね。

そうそう、一度だけこんなことがあった。次の時間が給食だったのでイジワルして、教室に置き去りにして帰ったら、目に涙をいっぱい浮かべて体を震わせてハアハア言いながら保健室に戻ってきた。「きたねー」とか「くんな」とか「あっちいけ」とか言われたことのある教室は、体が反応してしまうんだなぁと思った。

夏、暑いとイラつくので、よくケンカしたナァ。あー言えばこーゆーしぶとい彼女は、一度キレルと怒鳴ったり固まったり、すごいんだから。山ちゃんタジタジ。ヤバイ時は、アッサリ謝り、気分がのっている時はしっかりお仕事。平和につき合っていくコツをお互いが覚えた頃、由美ちゃんは、全校生徒の前で発表したり合奏したり朗読したり、山ちゃんとペアで学校の中を走り回っていたのサ。

そんな由美ちゃんが終業式の日、「これ、あげる!」と、ピンクの花柄模様の小さな袋を持って来た。中には赤い木の実が二個。山ちゃんホロリ。そういえば、最近は良太軍団ともおしゃべりして、よく笑ってる。もしかしたら、本当にみんなと一緒に卒業式に出れるかもね!

23

人生にとって一番大切なものを教えてくれた妙子さん

❇ホスピス患者の妙子さん

妙子さんと出会ったのは二〇〇一年の秋。乳がん患者会を立ち上げて半年たった頃、がんが再発、転移して治ることが難しくなってきた会員さんたちに呼びかけ、七、八人で心の中を語り合う「おしゃべりサロン」をしている時だった。

「はじめまして、みなさん、こんにちは。稙田《わさだ》妙子と申します。私は、乳がんが全身の骨と脳に転移してしまい、片方の目も見えなくなりました。つい最近までホスピスに入っていたんですが、少し状態が落ち着いてきたので、家に戻ってきたんですよ。この会のことをお友達から聞いてやってきたのですが、もし、私にできることがありましたら、お手伝いさせてくださいね」

美しい声に、会場の空気がふわっと軽くなった。

ピンクのワンピースがよく似合う小柄なかわいい妙子さんは、秋の日差しの中でキラキラ輝いて見えた。話し始めると、呼吸がハアハア苦しそうだったけれど、自分の闘病生活について淡々と語ってくださった。さすが、がん患者の先輩!! なんてったってホスピスから生還したんだからね。

「ホスピスってどんなところなの?」「お金はいっぱいかかるの〜」「入る時の手続きは?」「どこのホスピスが評判いい?」「痛みの治療はどこまでできる?」「ホスピスに入るタイミングは?」などの質問に答えながら、体験した患者にしか語れない話をたっぷり聞かせてくれた。ありがたかったなぁ〜。

❇末期がん患者の心の支えに

余命三カ月と告知を受けた妙子さんは、残りの人生を自分らしく終えたいと、抗がん剤などの積極的な治療をせず、自宅で娘さんと二人で静かに暮らしていた。でも、この日の妙子さんのお話がとってもすばらしかったので、「来月も集まりましょう」ってことになり、翌月は三〇人の乳がんおばさんが集まった。そしていつのまにか「おしゃべりサロン」は「妙子さんを囲む会」になり、悩みや不安を話し合う小さな集まりとして続いていった。

雅子さんは、大好きな温泉に入れなくなったと泣いていた。胸のがんの発疹《ほっしん》がやぶれてしまったので、化膿《かのう》したらいけないと医者から言われたんだって。妙子さんは、「あら、私もあなたと同じ発疹ができているわよ」と言って胸を開いて見せ、「私はお風呂にもじゃぶじゃぶ入ってるのよ」とにっこり笑った。

脳に転移してガンマナイフ（放射線治療）の治療中だった寛子さんが、「山ちゃん、そろそろホスピスに行きたいんだけど、主治医に言い出せないの」と電話がかかったのは、去年の夏だった。すぐに妙子さんに相談したら、彼女はこう言った。

「山ちゃん、寛子さんの家の近くにも緩和《かんわ》ケアをしてくださる病院があるはず。一緒に探しましょうよ。今の病院では遠すぎるわ。子どもさんもまだ小さいし、家から少しでも近い方が家族と一緒の時間をすごせるでしょう」

寛子さんはすぐに転院し、最期の半年は自宅近くの病院で子どもたちと静かな日々を送った。

少しずつ病気が進行し、動けなくなった妙子さんは、再びホスピスに戻ったけれど、痛みのコントロールをしながら、タクシーに乗って末期の患者さんたちのもとへ足を運び続けた。不思議なんだけど、妙子さんのやさしい笑顔とあたたかい言葉は、特別なお薬のように、患者さんの心をやわらかくしていった。

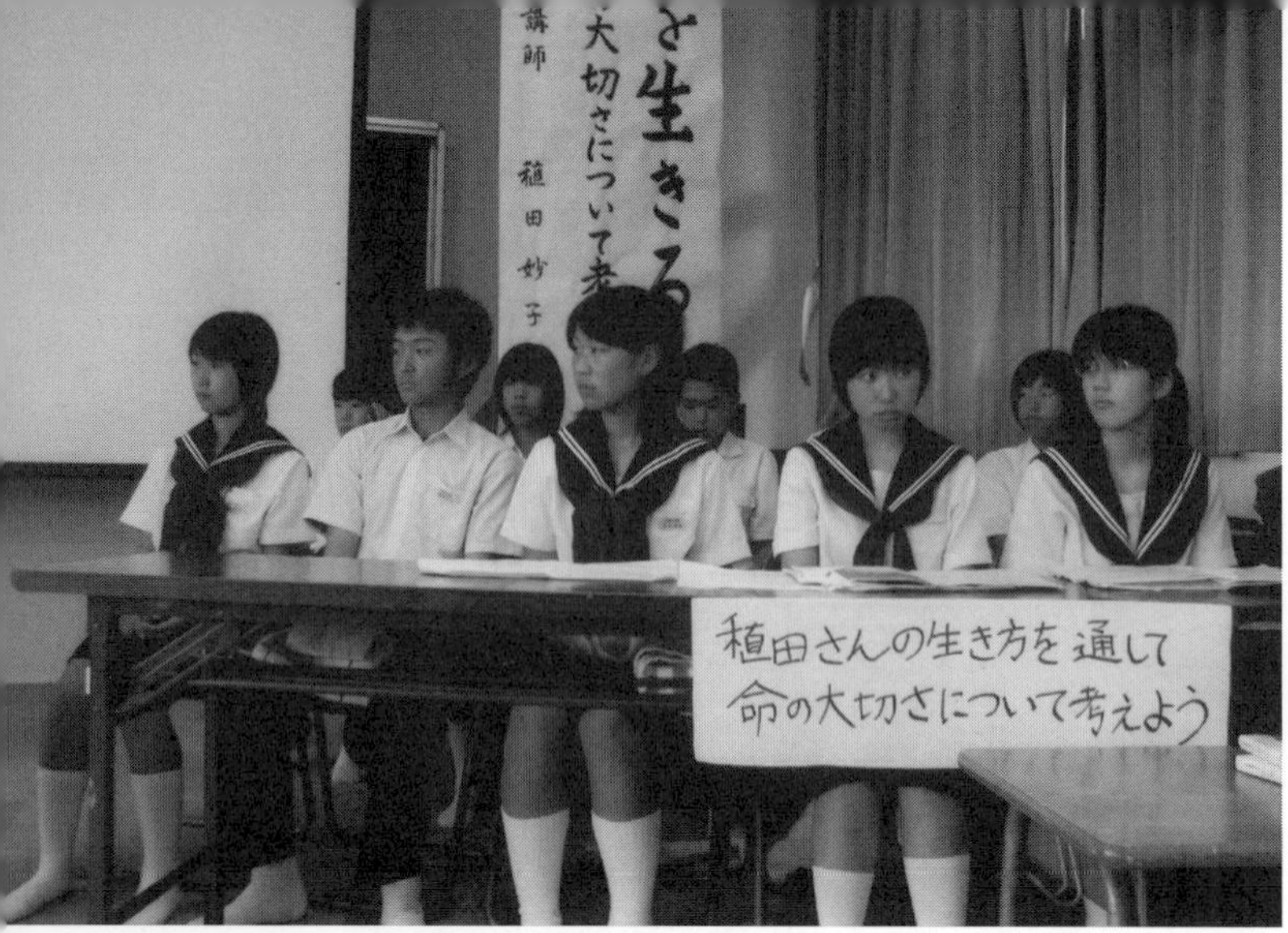

保健集会で司会をする保健部の子どもたち。

余命３カ月と告知を受けた今をどう生きているか、子どもたちに語る稙田さん。

✻中学生に〝いのちの授業〟を

こんな人と中学生たちが出会えたらいいのになぁ〜と思ったあたしは、保健室に復職してすぐに、妙子さんに電話をしてみた。

「ねえ、お願いがあるんだけど、うちの中学校の子どもたちにお話をしてくれない？　保健室で聞いていると毎日のように『ばか』『死ね』『ぶっ殺っそ』『ウザイ』

なぁ？」

『むかつく』の連発でねえ。なんだか人間らしくないの。よかったらあなたの力を貸してもらえんか
　すると、あっさり断られた。
「山ちゃん、私はもうきついの。ごめんなさい」
　そりゃそうだよねぇ。あつかましいお願いをしたあたしが悪かったナ……とあきらめた翌日、彼女から電話がかかってきた。
「山ちゃん。私、やっぱり中学生に会いに行くわ。一晩考えたんだけどね、このままだと、死ぬ時になんだか後悔しそうなの。あの時に行けば良かったたってね」

　こうして妙子さんは、一年間に三回も教室に来てくださり、「いのちの授業」を続けてくださったのサ。そしてこのつながりは、妙子さんがホスピスに再々入院した後も続き、一一月二六日の旅立ちの日まで、あたしたちは彼女とお話をさせていただいた。そこで今回は、あの日のことを書いてみることにしよう。そう、妙子さんの旅立ちの日のことをね。

❇お別れの日の妙子さん

一一月二六日（水）朝七時三〇分。

「山ちゃん　今までありがとう。娘をよろしく。子どもたちにもよろしく」

かぼそい声で、妙子さんから電話があった。すでに、食事も水ものどを通らない状態だと聞いていたけれど、いざとなるとあたしって弱い。

「はい。わかりました。こちらこそありがとう」

と言いながら手が震えてしまう。娘の奈己さんが電話を代わり、

「母は今日旅立ちます。本人の希望で夕方お薬を使って眠ったまま逝きます」

などと、サラリと説明してくださるんだけど、あたしはオロオロ。

「ちょっと待って……あの……あたし、今からお別れに行ってもいい？」と言うと、

「ぜひ、おいでください。待っています！」と。

さっそく、家からすっとんでホスピスへ。病室のドアを開けると、妙子さんはこう言った。

「あら、山ちゃん、ひとりで来たの？」

「……？」

そーなんです。彼女はいつものように中学生も一緒にやってくると思っていたのです（子どもたちは授業中だってばぁ〜）。

そこであたしは、車をぶっとばすこと一時間半。学校へ戻り、校長センセイに言った。

「保健部の部長と副部長を連れてお別れに行きたいです。すぐに行けば間に合うかもしれません」

校長センセイは、天井を見上げて目をウルウルさせてこう言った。

「わかりました。つらいことですが、これは人生の中でもっとも大切な学習ですね。どうか連れて行ってあげてください」

しっかりものの芙沙子ちゃんと美鈴ちゃんは、目に涙をいっぱいためたまま車に乗った。車の中で森山直太朗の「さくら♪」を聴きながら、三人ともずっと黙ったままだった。

❇人生にとって一番大切なものは……

病室へ着くと、二人はすぐに妙子さんのベッドの側にひざまずき、手を握り声を出して泣きはじめた。そして、お別れの話を聞いた。最期にこんな力が残っていたの？　と奈己さんがびっくりするほど彼女は話し続けた。

「来てくれてありがとう……。あのね、私をよく見て。人が死ぬということは、ご飯が食べられなくなり、歩くことができなくなり、水が飲めなくなり、あたりまえのことが一つずつできなくなることなの。あなたたちはあたりまえのことができるよね。だからね……今のうちにやりたいことを思い切ってやって、納得のいく人生を送ってね」

「人生にとって一番大切なものは……お金じゃないなぁ。一番大切なものは、自分をさらけだせる友人を持っているかってこと……。あなたたち、今そんな友達がいなくてもいいのよ。三〇歳になってからかもしれない、四〇歳になってからかもしれない。でもね、人にやさしくしていたら、いつかめぐりあうよ」

「あなたたちは、小さな小さな中学校の生徒さんだけど、山田センセイのような人にめぐり会えた日本一幸せな中学生よ」

「さようなら……」


私たちは、一時間近くおしゃべりをしたり、賛美歌を歌ったり記念写真を撮って過ごした。一足早いクリスマスだったなぁ。

いよいよ神父さんが入って来られ、お祈りの時間になった。

「妙子さん、さようなら。出会えて良かったです」

と、芙沙子ちゃんが言い、握手をした。

こんな時、「さようなら」が言えるなんて、子どもってすげえと思った。二人はきちんとおじぎをして病室を出た。その三〇分後に、妙子さんは眠りに入った。

❇ワルガキの別れの言葉

一一月二九日（土）朝九時八分。妙子さんは旅立った。

植田さんのお葬式の日。棺のまわりでお別れする子どもたち。

それにしても、この後の子どもたちの動きは早かったなぁ。携帯電話のメールで卒業生のケンに連絡したら、イッキに全員に伝わり、お通夜に行く連中、お別れの手紙を書くメンバー、お葬式に行く人と、あっという間に決めていた。お通夜も葬儀もここから車で一時間離れたカトリック教会だったので連れて行ける生徒は七～八人だったけどね。

校門の前で「ぼくちゃんも連れて行ってよう」「あたしも！」と目で訴えている子どもたちに「ごめんよ」と振り切って、四〇通近い子どもたちからの手紙をかばんに押し込んで、教会へ。

式の最後に友人代表でお別れの言葉を言うとき、あたしは和也くんの書いた手紙を代読させてもらった。こーゆー時は、ワルガキほどいい文章が書けるもんだね。朝の二時までかかってにしよう。

書いた和也くんの言葉はなかなかのもんだった。その手紙を紹介して、「お別れの物語」をおしまい

《僕は植田さんと出会い、大きく変われたと思います。変わったのは僕だけじゃなく、うちの中学校の生徒はみんな変われたと思います。大きく大人への一歩を踏みだす勇気と力、自信をもらいました。友達といっしょにホスピスへお見舞いに行った時、「前へ進めなくなったら一度立ち止まって過去を振り返るといい」とおっしゃいました。あの時は言葉の意味を深く考えきれなかったけれど、高校生になった今、その言葉の意味を考え、やっと自分なりの答えを見つけつつあります。

これから僕は、失敗や挫折を繰り返すだろうけれど、それも自分の人生の土台の一部にしっかり埋め込んで、僕は歩き続けようと思います。植田さんにはたくさんのことを学びました。そのことを忘れずに、今を輝いて、僕の残りの人生を強く生きたいと思います。

本当にありがとうございました。植田さん、あなたはいつまでもみんなの心の中で輝いています。残された家族の方々、奈己さんや友秀さんとはこれからもお会いしたいと楽しみにしております。最後になりましたが、卒業式の日、植田さんが僕たちの卒業アルバムに書いてくださった言葉をもう一度読みます。

「よい出会いと立ちあがること」

ぼくは心がカッコイイ大人になるよ!!

二〇〇三年一二月一日

T中学卒業生一同　和也より》

✽一時間目は追悼集会

一二月二日（火）泣きすぎて目がぶちはれたまま学校へ。

「おはようございまーす」といつものように職員室に入ると、校長、教頭と目が合った。

「山田センセイ、一時間目は追悼集会をしましょう」と、教頭さん。

全校生徒と教職員はホールに集まり、黙祷《もくとう》。芙沙子ちゃんと美鈴ちゃんとあたしの三人が前に出て、妙子さんの最後のメッセージをみんなに伝えた。あたしは大人だからサ、ぺらぺらしゃべってしまったけど、芙沙子ちゃんも美鈴ちゃんも涙をこぼしながら、一生懸命語っていた。やっぱ子どものほうが人間らしいわ。

その二日後、奈己さんと友秀さんが、朝早く学校にやって来た。「みなさんにひと言お礼が言いたくって」と。

「せっかく来ていただいたのですから全校生徒に会ってください」

と校長さん。二人は子どもたちとご対面〜

「母がお世話になりました。そして、たくさんの手紙をありがとうございました。手紙を読んで改めて母と皆さんたちとの交流の深さを知りました。母はあなたたちの心の中でずっと生きているんだなぁと思いました。みなさんたちのような中学生に会えた母も私も幸せです。私も母のように、やさしく強く、生きていきたいと思います」

奈己さんは、そう言って涙した。

24

ハンセン病から学ぶ《1》

なぜ今も差別が？ 疑問が次つぎに

❇「ハンセン病……？」——とにかく行ってみようよ

「なぁ、熊本の菊池恵楓園《けいふうえん》に行かんかえ？」

明日から夏休みという七月のある日、保健部の子どもたちに声をかけてみた。何にも考えずに、

「行く！　行くー！」と手を叩いて喜ぶ二年のトシやタカを見ていると、このメンバーってヤバイかも？　とちょっと不安。

「ボクたち、どーせヒマなの。どこでも連れてって～」

と喜ぶ二人の横で、三年生の芙沙子ちゃんと美鈴ちゃんが静かに言う。

「誰に会いに行くのですか？」

「大分県出身のハンセン病回復者の方に会いに行きたいんじゃ。八月一一日に行くつもりなんだけど、一緒に行って勉強したい人がいたら連れて行くよ」

「ハンセン病……？」

はじめて聞く病気の名前に、子どもたちはザワザワ。

「なんだかわかんないけど、山ちゃんと勉強してどっかへ行ったら、また友達が増えるんだよね！　行こう！」ってなノリで、夏休みの事前学習が始まった。

行くためには勉強しなくちゃ、ね！　「らい予防法廃止？」「ハンセン病国家賠償訴訟？」……はじめて聞く言葉に戸惑いながら、これから会う阿部智子さんのことを一つひとつ調べる子どもたち。

阿部さんは一九四〇年生まれの六三歳（当時）。一六歳の時から四七年間、ハンセン病療養所の園の中で暮らしている。「阿部智子」は偽名。家族や親類に迷惑がかかるからと、本名は隠し続けている。その阿部さんを紹介してくださったのは、弁護士の徳田靖之さん（ハンセン病国家賠償訴訟西日本弁護団代表）。電話で「子どもたちと勉強しに行きたいんだけど、どなたか紹介してください」と頼んだら「智ちゃんに会いに行っておいで」と、お世話をしてくださったのさ。

二日間の事前学習で、あたしたちは阿部さんたちハンセン病回復者の、すさまじい人生に言葉を失ったよ。

❇すっかり仲良しに

いよいよ八月一一日。「保健部の現地学習に、私も行きたい！」と三年生担任の由紀センセイも参加し、八人で出発。車は経費節約のため、地元の建設会社に提供してもらった。わいわいがやがや、楽しい（？）旅に。

菊池恵楓園では、阿部智子さんと夫の哲雄さん、それに長老格で裁判のリーダーの一人志村康さんが出迎えてくれた。面会に来た家族が泊まる交流荘でお話を聞き、夕食は近くの菊池温泉で阿部さんご夫妻がごちそうしてくださった。

「大分から、孫のような子どもたちがたくさん訪ねてきたので、うれしいですよ」と。

夜は園の中に泊まらせていただき、二日間、ゆっくりおしゃべりした。悲しい話もいっぱい聞いたけど、私も子どもたちも、阿部さんや志村さんのことが大好きになった。

交流会で阿部さんのお話を聞く。

二日目には、療養所と外を隔てた壁、監禁室、納骨堂、火葬場跡など園内に今も残され、差別や悲しい歴史を証言している場所を案内していただいた。で、どんな話を聞いたのかって？　ここでは芙沙子ちゃんが書いた感想文の一部を紹介しよう。

《阿部さんのお話を聞いて心に残ったことは、「自分はどうでもいいんですよ」の言葉です。「偽名にしたことは、家族に迷惑がかかるといけないから」「昔、ひどい差別を家族も受けてきたので、そんな思いはさせたくない」と言っていました。私は、家族を恨んでいるのかと思ったけど、阿部さんは、家族のことを一番に考えていました。

阿部さんは、「生きるのも死ぬのも自由じゃない」と言いながら、つらい過去を話してくださいました。強い人だなあと思いました。「きれいご

ふるさとに帰れない骨つぼが約1200柱。「骨になっても、まあだだよ」と阿部さんが納骨堂の前で語った。

とじゃないから、話さないといけないけど、話すと泣きたくなる」「でも、苦しいときは苦しいといって泣きながら話さないとつたわらない」と言った阿部さんの言葉は、すごく心に残りました。必死に苦しさと闘っている人だと思いました。》

※ビデオ「94年目の握手」を制作、保健集会で報告

帰ってからさっそく、保健部の子どもたちは保健集会の

納骨塔で手を合わせる子どもたち。

準備にとりかかった。いまだにふるさとに帰れない千二百柱の骨壺。監禁室に今も残る爪の跡。遺体を焼いていた火葬場。隔離された子どもたちが、外を見たいと手で掘った壁の穴。実際に行って見て聞いた話をビデオ「94年目の握手」に編集し、「なぜこのような差別が続いているのかを、全校のみんなも一緒に考えてほしい」と訴えることにした。ビデオは約二〇分。

ナレーションは子どもたちが書いた文を自分たちが読んだ。「94年目の握手」という題は、日本のハンセン病患者が隔離されるようになって94年目に菊池恵楓園を訪れて、智子さんたちと握手したことから、保健部のみんなで考えてつけた。納骨堂の前に立って、「骨になっても、まあだだよ」と話す阿部智子さんの声が忘れられない。

❈1時間目・始まりの授業／二〇〇三年10月3日（金）6校時

「菊池恵楓園へ行った友達の話を聞き、フィールドワークの様子をビデオで見よう」

授業は三年生の教室。担任の由紀センセイをくどき、授業は、総合的な学習の時間を軸に二一時間の計画でスタートした。保健部の子どもたちの思いが、教室の子どもたちに伝わるかどうか？

山ちゃんが、保健部の三人にインタビューするかたちで授業を進めた。

「今日からハンセン病について学習します。みなさんはハンセン病って知っていますか？」

と尋ねると、「おたふくかぜみたいに顔が腫《は》れる病気？」「なんか重い病気じゃろ？」「オレ、性教育の授業のほうがいい」「あたし、関心がない」「興味なーい」と教室の反応はイマイチ。

その声を聞いた保健部の子どもたちは、ムラムラ。「こりゃ、真剣に伝えなくちゃ伝わらなん！」と、パワー全開で語り始めた。

「菊池恵楓園の監禁室には、爪でひっかいたような跡が残っていました。その爪跡の上からペンキをぬっていましたが、爪の跡は、心の傷と同じように残っていました」

「一番心に残ったのは、子どもを生んだ後、離婚しないといけなかった人の話です」

「菊池恵楓園に行き、ハンセン病の勉強をして、私は今まで普通に使っていた言葉や日ごろの友だち関係を見直しています。今まで、自分とちがって少しでも変わった人はさけたり、無視したり差別したりしていたけど、身近な人への差別を少しでも減

ハンセン病とは

らい菌による慢性の感染症。感染力はきわめて低く、今は治療法の発達で完治する。かつては、不治の伝染病や遺伝病と誤認されていたこともある。国内では1996年の「らい予防法」廃止まで90年にわたり、国の強制隔離政策が続いた。療養所では、強制労働に加え、断種や堕胎も強いられた。

2001年５月の国家賠償請求訴訟の熊本地裁判決は「強制隔離は違憲。化学療法の発達などで、遅くとも1960年以降の隔離は必要なかった」とし、国に18億円の賠償命令を出した。しかし元患者たちで故郷に帰れた人はわずか、根強く残る偏見などのため、療養所に残ることを選ぶ人も多い。

この年、子どもたちと訪ねた国立ハンセン病療養所菊池恵楓園は、1909年九州らい療養所として開設された。入所者は460人、平均年齢は77歳。敷地面積は62万平方メートルで、全国13の国立療養所中、最大規模。

らして多くの人と友達になりたいと思いました。みんなにも、このことを伝えたいと思いました」

三人が、一生懸命想いを語る姿に、他の子どもたちはシ～ン。みんなの前で話すことにモジモジしていた邦男くんも、落ち着いてしっかりと自分の思いを伝えた。

担任の由紀センセイは、最後にこう言った。

「私も、みなさんと同じように何も知らなかったんです。でも、以前、本で見た一枚の写真が気になって、今回のフィールドワークに参加しました。それは堕胎《だたい》させられた女性の写真でした。どうして、こんなひどいことを（！）と同じ女性として、大きなショックを受けました。夏休みに、保健部のみなさんと菊池恵楓園へ行ってみましたが、知らないことばかりでした。私はいま学習しはじめたところです。これから、さらにみなさんと、調べたり考えたりして学んでいきたいと思います。今日から一緒に勉強しましょう」

そーなんです。人権学習に先生も生徒もないちゃ！

この後、ビデオ「94年目の握手」を見て「知りたいと思うこと」をカードに書いてもらった。子どもたちが書いた質問は二八個。その一つひとつの「なぜ？」について、調べたり話し合ったりするのが、山ちゃん流のやり方。これまでやってきた、いのちの授業も性教育も、子どもたちの「なぜ？」から始まったので、ハンセン病学習も同じようにして授業を創っていった。

由紀センセイと山ちゃんのチーム・ティーチングの始まり〜。それにしても、二八個も質問が出るとは思わなかったなあ。

【子どもたちが書いた質問】

■ハンセン病という病気について＝17人

・ハンセン病はどうやってできたのですか？＝３人
・ハンセン病はうつるんですか？　どうしたらうつるんですか？　うつったら自分でわかりますか？＝２人
・感染源は何ですか？　菌はどうやったら見つかるんですか？
・ハンセン病はどんな症状があるんですか？＝２人
・今の医学でハンセン病は治るんですか？　治療はどうするんですか？
・薬の副作用にはどういうのがあるんですか？
・どうしてたくさんの呼び名があったんですか？

■監禁室について＝３人

・監禁室には窓があるんですか？
・監禁室から出られるんですか？

・監禁室はどうして作られたんですか？

■納骨堂について＝2人

・納骨堂に骨をとりに来た人はいないんですか？
・なぜ骨壺が小さいんですか？

■避妊手術について＝1人

・なぜ子どもを生めないんですか？

■隔離について＝3人

・外を見るために掘った穴はどのくらいあるのですか？
・あの壁は今どうなっているんですか？
・ハンセン病になったらすごく小さい子どもでも隔離されるんですか？

■差別について＝8人

・どうしてハンセン病は差別されるんですか？　どんな差別をされたんですか？＝2人
・どういう年代の人がいまだに差別をしているんですか？
・差別された時の気持ちについて教えてください。
・菌がないのになぜふるさとに帰れないのですか？
・なぜ今でも差別が続くんだろう。

※2時間目／10月6日（月）5校時＝「ハンセン病国賠訴訟」って何？　ビデオ『人間として〜ハンセン病原告達の闘い』（40分）を見よう。

「ハンセン病について、知らないこと、疑問に思うことがいっぱい！」と気づいた子どもたち。でも、たくさんの質問の調べ学習をするための資料は、保健室にはナイ。そんな時に助けてくださるのが友達で弁護士の徳田靖之先生。資料は、徳田先生の法律事務所にお願いしてぜ〜んぶ借りることにした。どっさりね！

二時間目の授業は厖大な資料の中から、子どもたちの意見でビデオ「人間として〜ハンセン病原告達の闘い」（40分）を見て、「ハンセン病国賠訴訟」の原告の方たちの声を聞こうということになった。このビデオは、法律によって故郷を追われ、遠く離れた「療養所」での生活を何十年間も強制されてきたハンセン病回復者の人たちが、自分たちの声で差別や迫害を明らかにし、人間としての権利の回復を訴えて立ち上がった姿を描いている。

家族とどのように引き離されたのか、療養所でどのような仕打ちを受けたのか、生まれた子どもを殺されたり、断種や堕胎をさせられたりという体験が、本人たちの言葉で語られている。

【子どもたちの感想】

◆涙がきれいでした《私は『人間として』を見て、隔離することはとても人を傷つけることだなと思いました。政府が今まで隔離していることを何も言わなかったところが、不思議でした。裁判に勝ったときの涙が、とてもきれいだったところが一番印象に残りました。》

◆私も泣きそうでした《強制隔離、強制労働をさせるなんて残酷だなと思いました。印象に残ったことは、首相が謝罪した後、原告の人たちが泣いている場面です。私も泣きそうでした。「うれしい」という気持ちが、見ていて伝わってきました。》

◆心に残った徳田弁護士さんの言葉《「人間をかえせ！　ふるさとをかえせ！」と徳田弁護士さんが言った言葉が一番心に残りました。強制収容はとてもひどいなぁと思いました。》

◆人生をうばったのは隔離政策《「ハンセン病で人生の全てをうばわれたんじゃありません。人生をうばったのは隔離政策です」という言葉が心に残りました。でも、今差別をしたりするのは政府のせいだけじゃなくて、自分自身の事だからもっとハンセン病について知りたいです。》

❇3、4時間目／10月8日（水）3、4校時＝「調べ学習を始めよう～わからないことは自分で調べよう」

二時間の授業を通して「知りたい」という子どもたちの心に火がついた。この日から四時間かけて調べ学習をした。一班三人で七つの班をつくり、それぞれの班がどの質問について調べるかを選んで、スタート！　生徒たちは、渡した資料だけでなく、インターネットも活用してどんどん学んでいった。

文字を書くのも読むのも苦手な信夫くんが、辞書を引きはじめた。一生懸命、言葉の意味や漢字の読み方を調べている。その姿に、由紀センセイは感激し、ウルウルしていた。

❇5時間目／10月9日（木）4校時＝「ハンセン病問題を取材した記者さんがやってきた！」

調べ学習の続きをしようと準備をしている日の朝、新聞記者がフラリと保健室にやってきた。「いのちの授業って、どんな授業ですか？」と保健室を訪ねて来る人が時どきいるんだけれど、江田さんもその一人だった。

「今日は、今からハンセン病の授業なんです」と言ったら、「そうですか！　私は、判決の時に、取材で国会議事堂の前にいました」とおっしゃるではないか。ハンセン病問題の記事をずいぶん書いている方だった。グッドタイミング！　こんな時、あたしはすぐに飛びつく。

「新聞記者から見た、判決前後の原告や国の動きについて、教室で語ってくれませんか？」と頼んだら、びっくりしながらも、引き受けてくださった。江田さんはこんな「授業」をしてくれた。

「裁判は勝訴し、国は謝罪しました。私はその場にいて、小泉首相（当時）が判決を受けいれて控訴を断念する姿を取材しました。しかしこの問題は解決していないままです。それはハンセン病回復者の方たちに対していまだに差別が根強く、ふるさとに帰れない、療養所から出られないのです。わたしたちがこれからしなければならないことは、まだまだ残されたままになっています」

ビデオや本で学ぶ学習も大切だけれど、会って直接話を聞くと、その場にいた人の息づかいが聞こえて心が熱くなる。知りたいと思っている子どもと、伝えたいと思っている大人が出会った授業だった。


❇6、7時間目／10月10日(金)＝「調べ学習をして発表原稿を作り、ワークシートを仕上げよう」


調べ学習が続く。子どもたちは辞書と格闘。

「私、断種のところは絶対声に出して読むのはイヤ。想像するだけでゾッとするきイヤ」

「じゃあ、俺がかわりに読むよ」

「骨壺に入らなかった骨は残骨穴に捨てた……あー、ひでーことするなぁ」

「隔離の壁は今、どうなっちょんかどこにも書いてねぇよ」

「壁は今もあるのかな？　書いちょらん」

行き詰まると山ちゃんの出番。

「じゃ、テレフォンしてみよう。菊池恵楓園の阿部さんに今、電話して直接聞いてみよか？」

「うん！」

授業中に、教室から阿部さんに電話し、マイクを通して阿部さんの声をみんなで聞いた。

調べた内容は、放課後手分けして子どもたちがパソコンに入力し、印刷する。見違えるようにテキパキしている。みんな、やるじゃん！

春美ちゃんは「生活ノート」にこんなことを書いていた。

《今日、ハンセン病について班学習をしました。最初は全然興味がなかったけど調べて理解すると、だんだん楽しくなってきました。これからいろんなことを調べていきたいです》

❇8、9時間目／10月13日（月）4、5校時＝発表に向けて「調べ学習」最終段階

生徒たちの疑問は、調べるにつれて深まっていく。

「プロミン（注・ハンセン病の新薬）で治るのに、なぜ監禁室に入れたんだろうか？」

「ハンセン病が恐ろしいのではなく、差別する人間のほうが恐ろしい」

「この事実を、知らない人に知ってほしい」

「らい予防法は、なぜできたんだろうか？」

「ハンセン病が怖いのではなく、隔離政策をし続けた人間が怖い」

「体ではなく、心がきつい病気だなあ」

子どもたちは放課後も保健室にやってきて話し込む。

「山ちゃん、今日の授業は悲しくなったよ。子どもをつくれないようにしたり、生まれても殺されたりしたというのを知ったからなぁ。『らい予防法』は、ひどすぎるっちゃ」

「今日の授業で、班になって話し合いをしている時、『いい感じだな』と思ったよ。一班に三人ずつなので、自分が思っていることを言い合える、いい感じになってきたなぁ」

「山ちゃん、授業で、みんなたくさんの意見や疑問を出せていてよかったね。ビデオを見て『自分だったら……』と考えてみると、本当に言葉にできないほど悲しい気持ちになったよ。差別をなくそうなどと、呼びかけてはいるけど実際はどうなのかぁ。これからの時代は、昔の誤った知識をなくしていくべきや」

「二度と、同じ差別をくり返してはいけんなぁ」

「これからは、わからないことは自分で調べるよ。それと、身近なところでまわりの人と仲良くしようと思ったよ」

子どもたちが、どんどん成長していると実感！


❇10時間目／10月16日（木）1校時＝「調べ学習の発表をしよう」

この日は調べ学習の発表。最初に心に浮かんだ二八の質問の一つひとつについて、これまで調べてきたことを、生徒たちが自分たちの言葉で説明していく授業だ。

「ハンセン病はどうやったらうつるんですか?」

「どんな差別をされたんですか?」

パワーポイントやワークシート、ビデオを使って説明していった。

「何歳くらいの人がハンセン病を差別しているのですか?」

「六〇代から七〇代だと思います。主におじいちゃんやおばあちゃんの年代です」

その言葉が聞こえた時、あたしは「ちょっと待った!」と手をあげた。ここは通り過ぎてはいけない。

「あたしは四五歳なんじゃけど、差別してしまった一人なんじゃ。実は……大学生の頃、菊池恵楓園に遊びに行っていたんじゃ。そこで知り合った川田さんは、学生たちにすごくやさしくしてくれたよ。そして五年間も『菊池野』という冊子をあたしに送り続けてくれたんや。でも……あたしは一通の返事も書かんかった。親から『この郵便物は何なんかい?』と聞かれてもなんも言えんかった。『ハンセン病療養所にいる友達からの』ち言いきらんかったんじゃ。あれから二五年がたち、『返事も書かずに、ごめんなさい』ち、ひと言謝りたくて、今年の夏休みに菊池恵楓園に行ったんじゃけど、川田さんは二年前に亡くなっちょった。もぅ……とりかえしのつかんことをしてしもうたと思う。みんなは……あたしみたいな過ちを繰り返さんでおくれ」

教室はし~んとした。子どもたちはどう受けとめたのだろうか。

※11時間目／10月27日（月）６校時＝「伝えよう　全校生徒に」そして「保健集会」

今日まで調べたことを、全校生徒に発表する保健集会直前の授業。

誰かに何かを伝えるときは、心の温度が大切だ。知識だけではない何かをつかもうと、CD「時の響きて♪」を聴いた。北九州のバンド願児我楽夢《がんじがらめ》がハンセン病を歌っている。部落差別を出発点に歌ってきた願児我楽夢の熱いメッセージは、子どもたちの心にズシン！ときた。

そして保健集会。菊池恵楓園で智子さんたちと出会い、いろんな疑問を共有して調べ学習を積み重ねてきた三年生のメッセージを、一、二年生は真剣に聞いてくれた。大成功！

「人のつらさがわかったら、どんなにいいだろうと思いました。そしたら、苦しむ人も減るんじゃないだろうか」

ハンセン病をはじめて知った一、二年生の感想に、わたしは、素直で、やわらかな心を感じた。

【感想＝1年】

《三年生の発表を聞いて、私はハンセン病について、全然知らなかったけれど、今日の事前学習で、ハンセン病にかかってつらい思いをさせられた人がいることを知りました。監禁室に入れられた人は、そこで死んだり、生きていても出たあとに死んだ人もいると聞いて、とても苦しめられたんだ

と思いました。家族に会えずに死んでいくなんて、考えられませんでした。》
《ハンセン病を、今日初めて知りました。そして、今も続く「差別」と「偏見」が心に突き刺さりました。私も心の中のどこかで、差別をしているのかと思って、恥ずかしくなりました。小さいころから隔離された人々は、どういう気持ちで日々を過ごし、命を落としていったのかと思うと、辛いです。監禁室や、納骨堂にたくさんある、引き取る人のいない骨、広くても壁に囲まれている地域。私には考えられないことばかりでした。人の辛さが分かったら、どんなにいいだろうと思いました。そしたら、苦しむ人も、減るんじゃないだろうか。そんなことを考えました。》

【感想＝2年】

《私はハンセン病について、どんな病気かまったく知りませんでした。らい予防法が一九九六年まで続いていたことを知りびっくりしました。ハンセン病患者は結婚を認めるかわりに、子どもを生めなくする手術をうけさせると聞いてすごくひどいと思いました。納骨堂に納められているたくさんの骨は、骨になっても家に帰れないということは差別がひどいんだなと思いました。人間として認められなかった人たちは、どんなに辛かったんだろうかと思いました。》
《三年生が、すごく、詳しく調べていてよくわかりました。保健部が行った「納骨堂」には、名前も書かれていない「骨壷」があったり、「監禁室」の壁に爪で傷つけた、人の苦しみのあとが残って

いて、とても苦しい思いをしたんだなと思いました。こういうことは二度とくりかえさないように
しないといけないないと思いました。》

25

ハンセン病から学ぶ《2》

「わくわく授業」のTVクルーがやってきた

この保健集会が終わった頃、ＮＨＫの「わくわく授業～私の教え方」のテレビクルーがやってくることになった。教室にカメラを入れて、しばらくこの授業の様子を撮影したいという。

「どーしてうちの学校にきたの？」と金髪のディレクターに尋ねたら「村瀬幸浩先生の紹介ですよ」ということだった。「大分県に、おもしろい性教育の授業をしている人がいると聞いたんです。でも、性教育は三学期の予定なんでしょ？　んじゃ、今やっているハンセン病の授業を撮らせていただきましょう」とニッコリ。

八人のＮＨＫスタッフは、みんなスルメのように足が長い！　若い！　かわいい！　芸能人みたいだった。久しぶりの都会のイケメンに、子どもたちだけでなく私もわくわく。

ハンセン病授業の後半は、テレビ「わくわく授業」のビデオを巻き戻しながら思い出してみよう。

❇永井アナウンサー登場

「全国各地のとびっきりの授業を紹介します！　わくわく授業～私の教え方。今回はハンセン病やその差別の問題を取り上げることで、やさしさや思いやりをはぐくもうという授業を紹介します」

朝、校門の前でさわやかに語る永井アナウンサーの後ろに、登校中の中学生の姿。自転車通学生らしくヘルメットをかぶっているが、前と後ろが逆じゃん。カメラに気づいてあわててかぶったケンちゃん。ちょっとへんだけど、ワルガキはこれで良い。

それにしても、たった二五分の番組なのに、東京から来て泊まり込んで、四〇時間もカメラをまわし、アナウンサーまで教室にやってきて授業を見るというスタッフの熱意には頭が下がったなぁ。そうそう、永井アナは授業を見た後、「あーこの続きをもっと見たい！」と言って残念そうに帰って行ったもんね。

❇次は授業前日の保健室の様子

子どもたちが、翌日の授業の準備をしているところに、永井アナが「こんにちは～」と保健室に入ってくる。番組では、「もし、あなたが西町小学校の子どもだったら?～映画『あつい壁』を通して考えよう」の授業から放送されたんだけど、これは一四時間目の授業。あの時の子どもたちの勢いには鳥肌が立った。すごかったなぁ。

『あつい壁』（中山節夫監督）は、熊本県で実際に起きたハンセン病差別事件を題材にした作品。父親がハンセン病に感染したことで小学生の信次くんもひどい差別に遭い、最後は自殺とも事故とも思えるような死に方をしてしまうという内容。この映画を見た直後、子どもたちは、「感想なんて言えん」「オレ、いっぱい。いっぱい」「悲しすぎる」と絶句した。

でも、翌日の授業でその怒りや悲しさを、思いっきり語り合った。

「この映画を見てみんなはどう思った？　心に残ったことを話してください」

と言うと、子どもたちは、次つぎに手をあげて発言した。

「お母さんが言った言葉で、『差別されるくらいなら死んだ方がいい』と言った言葉が心に残りました」

「吉田寮のじいさん先生が、葬式の時、『信次は殺されたんだ。わしも信次を殺したやつの一人だ』という言葉が印象的で、差別のおそろしさが伝わってきました」

板書は由紀センセイ。国語の教師は板書がうまい。美しい文字が、スラスラと黒板に並んでいく。チョークの音がパソコンのキーボードより速い。職人技！

「いろんな意見が出ましたが、多いなと感じたのは、このシーンですね。お父さんを求めて泣きながら、信次くんが壁を叩いていたところ。あの時、信次くんは何を言いたかったんでしょうか？考えてみてください」と山ちゃん。

「やっぱり、会いたい！でしょう」「不安をとってくれ！」「家族をもとに戻して！」と子どもたち。信次くんの気持ちを考えることで、差別される側の気持ちを一人ひとりが感じていく授業。

次に山ちゃんは、こう問いかけた。

「もし、あなたが西町小学校にいたら、どうしたと思いますか？」

う〜ん……と唸《うな》りながら、一生懸命想像して考える子どもたち。

「親が行くなと言ったらたぶん行かない」「親しだい」「もし、親が正しい知識を持っていて、行っていいと言ってくれたら、そのことを友達に伝えてみるかも」「いや、こんな時にそりゃ無理じゃ」「おれは多数の意見に流されやすいしなぁ……」「ハンセン病のことを勉強していないんだから、親の言うことをきいてオレは帰りますね」

差別する気はなくても、いつの間にか差別してしまう。そのことに気づいていく子どもたちの表情は真剣。

「この子は、まわりの人たちが知識をもっていなかったために殺されたんです。差別というのは、正しく知らないと誰でもおかしてしまうことなんですね」と山ちゃん。

一人ひとりが自分の問題として考え、映画の中の言葉を心に刻んで学び合おうとしている姿に、あたしは感動し、授業中に涙ぽろぽろ。すぐにハンカチを差し出す美香ちゃん。つられて泣き出す政美ちゃん。あらら。

※15時間目／11月6日（木）3校時＝残りの三つの質問について、考えよう。

■らい予防法はどうしてできたんだろうか?
■プロミンで治るのに、なぜ隔離しつづけたのだろうか?
■どうして、ハンセン病は差別されるんだろうか?

この質問の答えを探すには、ハンセン病の歴史を調べなきゃね。日曜日の午後、保健室に集まって大きな模造紙で年表作り。世界の動きと日本の動きがわかるように色で分けて工夫したオリジナル年表。いつの間にか、外は真っ暗になっていたっけ。こうして、一五時間目の授業開始。

「どうしてハンセン病は差別されるんだろうか?」その原因を深く追求する授業の様子。まず、年表で事実関係を確かめる。年表の解説は、美鈴ちゃん、英介くん、和喜くんが担当。

「前の時間に勉強したように、強い国になるために、文明国の恥としてハンセン病患者を隠すために隔離を始めました」

さらに山ちゃんがつけ加える。

「世界は、この時点でローマ宣言というのを出しました。入院なんかしなくていいんですよ。隔離なんかとんでもない。家から病院に通って治療をしながら生活していきましょうよ、と宣言しているのです。その時に日本はどういう事件が起きていたのですか?」

「黒髪小学校事件です」

「そうです。この違いわかります? 映画『あつい壁』で描かれていた事件のことですよ」

さて、考えてみましょう。ハンセン病はどうして差別されるんだろう? 班ごとに考えをまとめ、カードに書いてみよう。
・外見のせい
・国が指示したから
・国が国民にハンセン病は悪い病気だとイメージを与えたから
・国の間違った政策
などなど、並んだカードを由紀センセイが読んでいく。歴史を学んできてわかったことは、国の政策が差別を生んだということだった。でも、芙沙子ちゃんは「それだけでいいのかな?」と授業中、目で訴えていた。そして、授業後の休み時間に、こうつぶやいていた。

「国のせいだ！　と言うと、自分の責任のがれのような気もして……」

授業後、保健室でパソコンの画面に向かって語る山ちゃん。

「ハンセン病学習をしていると、『こんなに差別をして、この人たち間違っているじゃない！』と、非常に正義感が出てくるんですよ。しかし胸に手をあててみると、自分も同じように差別をする心があるということにも気づいてほしい。自分を見つめてみるということがハンセン病の学習で大事なところじゃないかな」

❇16、17時間目／11月7日（金）5、6校時＝「全校保健集会～徳田弁護士との出会いから学ぼう」

保健集会での徳田弁護士さんの話は、全校生徒と全教職員で聞いたんだけど、すばらしかった！子どもも大人も心が大きく揺れ動いた。さすが徳ちゃん！

【徳田弁護士の話】

「ハンセン病裁判のきっかけとなったのは、星塚敬愛園に在園していた島比呂志さんが、私たち九州弁護士連合会に宛てた一通の手紙でした。手紙には『らい予防法のような悪法をかくも長きにわたって存続させてしまったことに、基本的人権の擁護と社会正義の実現を使命としているはずの弁護士には責任がないのか』という趣旨が書かれていました。私たちが生きてきた同じ時代の、この世界の片隅で、世界に例のない、国家犯罪としか言いようのない蛮行《ばんこう》が、「救らい」の名の下に行われてきました。そして何よりも、患者やその家族を社会からあぶり出して、療養所へと追い立てていったのは、無らい県運動下に、恐ろしい伝染病だと思い込まされた隣人たる私たち一人ひとりだったのです。私は『らい予防法』の条文を知っていました。しかし、私はそれ以上知ろうとはしませんでした。そして、何もしてこなかった。そのことが問われているのです」

人間として生きることを困難にした国の責任を裁判で明らかにした徳田弁護士は、何よりも自分自身の責任を自らに問うやさしい人だった。

質問コーナーでの、徳田先生の答えも心にしみた。

「なぜ私たちは、こんなひどい差別をするんですか?」

と、尋ねる恵ちゃんに対して、徳田先生はこう答えた。

「これは正直、質問に答えるだけの力が私にはありません。ハンセン病の場合には、二つのことを考えないといけないと思っています。国が法律をつくり隔離政策というものを押し進めていくなかでつくられていった問題と、国が差別をつくっていくという以前から、私たち一人ひとりのなかに存在していた差別の問題。この二つを分けて考える必要があると思っています。

つくられた差別、それに対しては徹底的に理解して、それと闘う必要がある。一方、つくられた差別を越えたところにある差別、私達の心に潜む問題については、一つひとつに、なぜそうなんだろうか？　ということを考えていくしかないと思います」

集会の最後に、教頭先生がこんな感想を子どもたちの前で語った。

「みなさん、私は差別をしてきた人間です。私が子どもだった頃、ハンセン病の方たちが道ばたに座っていたことがありました。私は避けて近づかないようにしてきました。いつの間にかその方たちはいなくなりました。そのことがどんなことだったのか、今、知りました。私は恥ずかしい。自分が恥ずかしいです」

と言って涙した。自分をさらけ出して、語りかける大人たちの姿に子どもたちの目は真剣そのものだった。

❇「なぜ？」が大切

ワルガキ隆二がこんな感想文を書いた。

《オレは、このハンセン病の授業が始まる前は、ぶっちゃけ「めんどくせー」と思った。けれど、学習が進むにつれ、ハンセン病がどんな病気なのかいろいろなことがわかってきた。マジに授業がいやになるほどハンセン病に対する差別はひどかった。その差別は国の政策として作られたことを知ったとき、めちゃめちゃ腹が立った。徳田先生の話を聞いてオレは質問した。「光田健輔医師（注）に腹が立ちます。先生はどう思いますか?」と。徳田先生は「腹を立てるだけではなく、なぜ彼があのような過ちをおかしたのか、その理由を考える必要があります」と言い、ものの見方を教えてくれた。その話はとてもわかりやすかった。こんな差別はあってはならない。だからこそオレには後輩に伝える責任がある。》

（3年／隆二）

■芙沙子ちゃんの感想

《ハンセン病というと国の政策や悪いイメージを流した大人のせいだと思っていました。でも、骨壺がふるさとに帰れないのは、今自分は差別していないと思っている自分がいて、知らないうちに人を傷つけているからだと思います。だから自分にできることは、自分の中にある差別の心をなくしていくよう努力していくことだと思います。》

そして、一週間後いよいよ阿部智子さんが学校に来てくださった。

❇19、20時間目／11月12日（水）3、4校時＝「ようこそ阿部さん!」

いよいよ阿部さんが教室に来て授業をしてくださる日がやってきた。一緒に給食を食べ、ゲームをしてリラックス。そして公開授業。近隣の五〇人近い教職員がじ〜っと見つめる中、子どもたちが次つぎに自分の思いを語りながら質問をしはじめる。

半年間に及ぶハンセン病学習の後半、阿部さんがお話に来てくださった。

「阿部さん、恵楓園に連れてこられた時の印象はどうだったですか？」

「私ね、一二歳で発病してから四年間、狭い部屋の中から一歩も外に出たことがなかったの。だからまるでおばあさんみたいな一六歳になっていました。恵楓園に連れてこられる前の日に、母は叫ぶようなすごい声で泣きました。別れがつらくて、私は言葉がでなかったです。恵楓園に来た時は、広くて空が見えるところだなあって思いました……」

阿部さんは、四七年前、家族と引き裂かれたつらい経験を語ってくれた。

「死んだものだったら、家を出なければなりませんね。棺に入れられて家を出るんだから。そんな思いでようやく決心をつけて菊池恵楓園に入所したんです。私が泣いてしまうと、母はもっと悲しい思いをすると思って、黙って一瞬、間をおいてまた、普通の話をしました」

「阿部さん、私たち人間は、なぜこのような差別をしてしまうのでしょうか？」

恵ちゃんの質問に阿部さんは答える。

「心が弱いからです。優越感でしょう。心の中に潜む優越感が差別を生むのではないでしょうか」


芙沙子ちゃんは、こんな感想を書いた。

《阿部さんのお話の中で「私の父と母は世界一でした」と言っていたのを聞いて、そのお父さんとお母さんと離れるのはどんなにつらかっただろうと思いました。「どうして私たちは差別をするんですか？」という質問に「心が弱いからじゃないですかね」という阿部さんの考えが聞けて「本当にそうだなぁ」と思いました。「私はもう長く生きられないから、若いみんなにたくします」といった言葉に少しでも応えられるように、同じあやまちをくりかえさないように、自分が変われたらいいなぁと思います。》

授業の後は近くの公園を散歩し、まんじゅうを食べ、歌のプレゼント。指揮はもちろんあ・た・し。紅葉で美しく色づいた山をバックにこだまする大合唱！　阿部さんは、子どもたち一人ひとりと握手しながら「あなたたちに会えて本当に良かった」と言っていた。T中ではじめて実現した「94年目の握手」だった。

一日阿部さんと過ごした子どもたち。帰る時「また来てください」と握手。

一二月中旬の日曜日、阿部さん夫婦はもう一度来てくださった。今度は「国東《くにさき》半島めぐり」。子どもたちだけじゃなく、お母さんやお父さん、おじいちゃん、おばあちゃんも一緒に「ようこそ！」とみんなで歓迎した。

美鈴ちゃんのお母さんは、お重箱にどっさりのごちそうを作って駆けつけてくれた。遠足気分で富貴寺《ふきじ》や磨崖仏《まがいぶつ》を見てまわった後、舞ちゃんちのお寺の本堂で休憩。おしゃべりタイムの後は昭和の町へご案内。どこへ行っても「まぁ、菊池恵楓園からですか。遠いところをようこそおいでました」と、みんなあたたかかった。

❇宿泊拒否事件で子どもたちの抗議文

授業が終わりに近づいた頃、宿泊拒否事件が起きた。熊本県黒川温泉のアイレディース宮殿ホテルが、菊池恵楓園の入所者の宿泊を拒否（03年11月）。このことが新聞に報道された翌日、優ちゃんが保健室に飛び込んできた。

「山ちゃん、これひどいよ！　家で母さんと話し合ったんだけど、私たちの考えを新聞の声の欄に投稿したらどうだろ？　何かしなきゃ！」

さっそく優ちゃんは帰りの会で提案した。この時の、子どもたちの動きはめちゃ早かったな～。「私も、新聞に投稿する！」「国は何をしてるんじゃ！　小泉総理に訴えよう」「あたしはホテルに書く」「僕は温泉組合に書く」「私は菊池恵楓園にメッセージを送る！」

あっという間に手分けして抗議文を送った。すると子どもの声を受け取った新聞記者さんが、二日後に保健室にすっとんでやって来た。

「中学生の言葉を読み、心を動かされました。私たちにも何かできないだろうかと上司に相談したところ、この事件についてのシンポジウムを緊急に福岡で開こうという話になりました。ぜひおたくの中学生にパネラーとして参加していただきたいのです」

この後、職員会議でどんなやりとり（↓もめた）があったかは省くことにして、一二月二四日、子どもたちの代表七人が福岡へ行き、熊本県の潮谷知事や九州大学法学部の内田教授、徳田弁護士などの大人に混じって、優ちゃんと芙沙子ちゃんがパネラーの大役を果たすことになった（次頁新聞記事）。

新　聞　【朝夕刊月ぎめ定価3925円（本体価格3738円＋消費税187円）】1部売り朝刊130円・夕刊50円　（第三種郵便物認可）

ハンセン病シンポ in 福岡

差別に終わりを 人権社会誓う

ハンセン病や、同病から回復した人たちへの偏見や差別を克服するにはどうしたらいいのかをテーマにした『宿泊拒否』が投げかけたもの―ハンセン病シンポジウムin福岡」（読売新聞西部本社主催）が二十四日、福岡市中央区の読売新福岡ビルで開かれた。潮谷義子・熊本県知事が基調講演、ハンセン病療養所入所者らによるパネルディスカッションがあり、小泉首相に啓発を求める手紙を出した田染《たしぶ》中（大分県豊後高田市）の生徒への首相からの返事も発表された。約二百人の参加者は、人権を守る社会づくりの大切さを改めてかみしめた。

パネリスト
大久保優さん（田染中3年）
奥田美沙子さん（同）
杉野芳武・菊池恵楓園入所者自治会常任委員
徳田靖之・ハンセン病国家賠償訴訟西日本弁護団代表
中村義彦・熊本県健康福祉部長
コーディネーター
内田博文・九州大法学部大学院教授

社会的解決訴え 入所者

熱心な意見交換が行われたパネルディスカッション
（24日午後2時45分、読売新福岡ビル10階ホールで）

シンポジウムは、熊本県・黒川温泉のホテルが療養所「菊池恵楓《けいふう》園」（熊本県合志町）の入所者の宿泊を断った問題を機に企画された。井上安正・読売新聞西部本社編集局長が「差別する意識、違いを認めない心が、誰の胸からもなくならなければ、差別は終わりにならない。共生社会を作るために力を貸していただきたい」とあいさつ。

続いて「人権を尊重しあえる社会に向けて」の演題で講演した潮谷知事は『（国の隔離政策の誤りを認めた）熊本地裁判決で『人間回復』が得られたと錯覚し、安心していたのではないかと反省している。人の心にある壁を取り払うことこそ判決の趣旨。道のりは長いが、『宿泊拒否』が投げかけたものを考えることから始め、差別にうつむく人のない社会を名実ともに実現させなければならない」と呼びかけた。

パネルディスカッションでは、入所者の杉野芳武さんが、園に百通以上の中傷の手紙などが寄せられたことを挙げ、「医学的には解決されても、社会的には解決されていない。国を挙げた取り組みを」と訴えた。徳田靖之弁護士は「園への中傷は、回復者を『理解してあげる』という差別の裏返しの思い上がりが、社会にあることを示している」と指摘した。

また、生徒の奥田美沙子さん、大久保優さんは「差別は自分の心の中にあると気づいた。回復者とのふれあいや交流が差別をなくす一歩」。熊本県の中村義彦部長は「啓発のピンチを（差別根絶の）チャンスに変えたい」と決意を語った。

コーディネーターの内田博文教授は「差別を他人事ではなく、一人ひとりの問題としてとらえてほしい」と総括した。

中学生へ首相返事 「啓発へ一歩一歩取り組む」

田染中の三年生が、小泉首相＝写真＝に手紙を出してから約一か月。待望の返事は、基調講演に先立ち、パネリストの奥田さんが読み上げた。

全文で約七百字。首相は手紙に謝意を表したうえで、「宿泊拒否」問題について「あってはならない事態」「国民に正しい知識が浸透していないことの現れ」との認識を示し、改めて啓発への強い意志を表明している。読み終えると、会場から拍手がわき起こった。

奥田さんは「小泉さんがたくさんのことを考えておられることがわかった」。大久保さんも「イラク問題で忙しいのに中学生の声に耳を傾けてくれて、とてもうれしい」と話していた。

小泉首相からの返事（要約）

今回、ハンセン病療養所入所者の宿泊を拒否するという、あってはならない事態が生じたことは、大変残念です。平成13年（2001年）5月の熊本地裁判決を受けて、私は入所者の苦しみにどう応え、名誉回復をどう実現できるか、真剣に考えました。政府として様々な啓発事業に取り組むなか、（田染中の）皆様のような若い方々が、熱心に勉強し、理解を深めていただいたことを知り、大変感銘を受けています。一方で、宿泊拒否のような事例が生じたことは、今なお国民に、正しい知識が浸透していないことの現れです。人の心の中にある差別や偏見は、一朝一夕で変わらない難しい問題ですが、私も正しい知識の普及啓発に一歩一歩取り組んでいきたいと考えています。

小泉　純一郎

▲子どもたちがパネラーになり、参加したシンポジウムは翌日の新聞で大きくとりあげられた。また小泉首相からは手紙の返事が届き、子どもたちの声が、社会に啓発の大切さを投げかけた。　『読売新聞西部』（2003年12月25日付）

※中学生が「大人に伝えたい」

博多行きの電車の中で、二人に尋ねてみた。

「あなたは、大人に何を一番伝えたい？」

「私たちがわかろうと努力したように、大人の人たちも学習して真実を知ろうとしてほしい。一生懸命伝えてみるよ！」と優ちゃん。

「私は、差別は自分の心の中にあるということを伝えたい。学習し行動していく中で、自分では気づいていないところで、人を傷つけているかもしれないということに気がついたの。いつも、自分の言動は相手にとって本当に良いのか？　人を傷つけていないのかを考えながら、一緒に生きていきませんか？　ということを呼びかけたいなぁ」と芙沙子ちゃん。

山の中の小さな中学校の子どもが社会に何かを投げかけてゆく。そんなきっかけを作ったのが、ハンセン病学習だった。

■卒業前に芙沙子ちゃんが書いた感想より

《二学期に「ハンセン病に学ぶ」の授業をして、みんなで一緒にたくさんのことを考えました。ハンセン病の学習が一区切りついて、さびしかったです。でも、終わったらクラスがあたたかくなっていたと思います。阿部さんたちのプレゼント？　そんなふうに自分たちの生活のなかに染みこんでいったと思うのです。（中略）人生というのは眺めているだけでは、おもしろくない。どこかに焦点をあてると、思いもかけないすばらしいことに出会える気がします。そういう学習でした。》

えんえん二四時間（注・計画は21時間だったが、宿泊拒否事件で3時間延長）に及んだハンセン病の授業。子どもたちもよく頑張ったが、私たちも必死だった。担任の由紀センセイと私は、朝早く学校へ行き、その日の授業の準備をした。由紀センセイは、担任の仕事と国語の授業、部活動も担当していたので、打ち合わせをする時間がほとんどない。早朝二人でバタバタと準備し、あとは信頼関係で乗り切った。由紀センセイのようなステキな教師と出会った私は幸運だった。子どもたちは、その後も阿部さんと文通を続けたり、自分たちで菊池恵楓園を訪問したりしている。

授業の成果は目に見えない。やりすぎる（?）とたたかれる。落ち込むことも多い。でも、私はいつも子どもたちに救われる。答えは、子どもたちが出してくれる。

その後、私は同じ市内の中学校に転任したが、がんを再発し再び休職した。復職して長く続けることは難しいなと感じた時に、もう一度ハンセン病の授業をしたいと思った。実現したのはわずか一カ月のハンセン病学習だったが、子どもたちがすごい答えを出してくれた。

やっぱり、子どもの感性にはかなわない。ひらがなと誤字だらけの文章の中にも、大切な何かに気づき、自分の心を見つめて書いている。そんな言葉に出会うと、しんどかったけれど、授業をしてよかったなあ！　と思う。

〔注〕光田健輔＝医師としてハンセン病治療に生涯をささげた。一九五一年文化勲章受章。一方、強制隔離政策推進者としての批判もある。

第Ⅴ章 新しい学校は不安がいっぱい

26

〝サル軍団〟を変えた「こころの中を書く」授業

❇ワルガキたちに見送られ、新しい学校へ

収穫には立ち会えないかもしれないが、できるだけ多くの種を蒔《ま》こう。
山ちゃんの蒔いてくれた種が芽を出し、花を咲かせ実をつける。これからもいっぱいそういうことがあると思います。たくさんの出会いを本当にありがとう。源は、いつも山ちゃんセンセイのがんばりだったね！　私たちのためにありがとう。また会う日まで！

芙沙子

こんなメッセージが書かれた手紙を子どもたちからどっさりもらって、保健室をさよならしたのが二週間前。八年間居座った（?）保健室の引っ越しは大変だったけど、毎日ワルガキたちがやっ

てきて、ピカピカにお掃除してくれたのでスッキリ気分で異動することができた。

三月三一日最後の日、「昼に、お宮にきてくれ」とトシからメールが入ったので行ってみたら、み～んな集まってたのでびっくり！

満開の桜の下で、持ち寄ったお菓子やおにぎりを食べながらお別れ会をした後、「さくら♪」を歌って記念撮影。ワルガキたちがお別れの瞬間までイキなことをやってくれるので、あたしはポロポロ泣いてしまった。

♪さらば友よ～
この場所で会おう～
さくら舞い散る
道の上で～

そして四月。

新しい職場は、家から車で一〇分足らずの全校生徒四〇名という小さな中学校。と書くと「いいわねー。ラクチンで」と言われそうだけど、異動ってのはマジ疲れる。毎日クタクタになって帰り、バタンキュウー。これからどうなることやら。いつもながら不安がいっぱいの新学期の始まりだ。

❇保健室が動物園？

まず、着任した日に、びっくり！　だって、保健室が動物園なんだもん。休み時間になると、どどーっとサル集団（?）がやってきて、「おんどりゃー！」とでっかい声で叫び、バーンとドアを開ける。これがあいさつだった。

A群のボスザルのあきひろくんは、運動神経抜群で、ベッドの上を一回転したかと思うと、窓から飛び出して去っていく。壁には、B群のノボルが蹴飛ばして破れた穴が美しく残っている。サルが掃除をするはずないわけで、掃除の時間、担当の場所に行ってみると、C群のあばれん坊将軍・シンとヒロキが、ほうきをギターにしてライブを始めていた。歌はうまい。

ほうきのかわりに、モップを持たせたら、水でびしょびしょにぬらして振り回すので、廊下を歩いていた島田センセイにしずくがひっかかった。「やめなさい」とおっしゃるセンセイを見て、さらにブンブン振り回して遊ぶヒロキ。「やめんか！　こら！　聞こえんのか～！」と怒鳴るセンセイの声が響く中、二人は楽しそうに逃げて行った。

昼休みもよく歌う。血管が浮き出るくらいに大声を張り上げて、替え歌を歌って遊んでいる。どんな曲も作詞して替え歌にしてしまう天才たち。中でも一番良く使う言葉は「ぶっ殺っそ！」「しめ殺っそ！」「刺し殺っそ！」……他にもあるけど、恥ずかしくて書けません。

❇サルの惑星にも女神さま

サルの惑星にも、女神さまはいる。その名はあゆみさん。フラリと保健室にやって来ては、疲れたあたしの相談相手をしてくれる。

「この学校、おもしろそうだけど、なんかヘン」と言うと、「そうね……。今日も一人学校に来てないしねえ」と。不登校の敬太くんのことが気になるらしい。彼は半年前から学校には来ていない。

「いろいろあったんだろうね」とあたしが言うと、「うん。私は同じクラスじゃないから詳しいことはわからないけど……自分が言っている言葉が、相手を傷つけているということに、気づかない人が多いの」とつぶやきながらパソコンの画面をじっと見ていた。「そりゃ、困ったねぇ。どうしたらいいの？」と言うと、「あきらめたほうがいいかも」と言いながら、こちらを見て微笑んだ。

「そういえば、あゆみさん、一人で保健室にくることが多いね」と言うと、「うん。一人が気楽でいいの」と言う。少しさびしげなあゆみさんの話が、あたしの心を動かした。

こんなことを書くと「この学校のセンセイたちは何をしてんの？」とお叱りを受けそうなんだけど、センセイたちは実によく動き、よく働いていた。冷凍室に保存されたようなカチコチの人間関係はなく、新しいメンバーも加わり、春風のようにやわらかい空気の職員室。センセイたちは時間を見つけては、子どもの話をいっぱいする。

「どうしたらいいんだろう?」「なんとかしなくっちゃ」「心をゆさぶる授業がしたいなぁ〜」「今はじまったばかりじゃん。いっしょにやりましょう!」……

❋「アナルセックス」——ガバンの落書き

一週間後、美術の時間のことだった。シンとあきひろが「マジック貸してくれ」とやって来た。風景のスケッチをするはずなのにヘンだな〜と思いつつ、赤いマジックを手渡すと、すぐにクスクス笑いながら見せにきた。ガバンにでっかい字で「アナルセックス」と書いて嬉しそう。よーく見ると落書きはガバンの上にびっしりだった。黒い太いマジックで「弱肉強食」と大きく書かれ、「死ね」「ばか」「消えろ」など色とりどりにめいっぱい書いている。横の方にはピンクのかわいい文字。

「あなたは学校が楽しいですか? 楽しくない? 学校に来るのがいやな人は今から私が書くとおりにしてね。それは自分の手で自分を殺すこと。それが一番です。さあ、あなた、今から死にましょう!」

数年前から重ね書きされた落書きの上に、シンとあきひろは上書きしたのだ。上書きするやつもバカだけど、こんなのを毎日見て使っていたら、落書きがあたりまえになってくるんだろうね。あたしはシンとあきひろに言った。

「明日、あんたたちの教室に授業に行くわ。これ、ちょっと貸しちょくれ」

「なんの授業すんの?」

と尋ねるので、あたしは答えた。

「エッチな授業や」

すると二人は小猿のようにキャッキャッキャッと飛び跳ねて喜んだ。ウソだってば!

❇授業の仕込み

授業には仕込みが必要。とくにあたしのように、知識よりカンで授業をするタイプはひとりぼっちは心細い。そこで今回は、ヒロキに賭《か》けてみることにした。ヒロキはサルの惑星ではナンバー2。体は小さいけど、弁は立つ。ヒロキが暴走したらシンとあきひろは舞い上がって授業はぶちこわしになる……と思ったあたしは、放課後部活をしているヒロキを呼び出した。

大事なお客様は校長室のほうがいいかも? と思い、ふかふかのソファーに座っていただいた。ヒロキは思いっきりのけぞって座り、胸を張り社長気分。「で、なんなのよ。キミーぃ」とご機嫌。このドあつかましい小猿に、神妙な声でひとこと。

「実は大変なことになってんだけど……このままじゃ、あんた全校の女子から嫌われるよ」

と言った瞬間、ヒロキの体はぴくんとした。そして、この日のためにと、前もって集めていた女の子たちからの情報をイッキに伝えた。

「授業中、ふざけてやかましくて授業が進まない」「たとえば、英語の時間にレイク（湖）をレイプと繰り返して、ゲラゲラ笑う」「給食中でもエッチな言葉を言う。シンはクリームシチューを食べている時、『精液じゃあ～』と言い、一緒になってふざける男子もキモイ（気持ちが悪い）」「ぶっ殺すとか死ねとか消えろとか、いつも聞くのはイヤ」「相手がどんなに傷ついているか気づいていない」「すぐ物に当たるからこわい」「こんな教室には行きたくない」などなど一通り話した後、やさしい声であたしはささやいた。

「でさ、あんたしだいなのよねえ。あんたがあたしに力を貸してくれるか、シンたちとこのまま走るか、いま決めてくれない？　一緒に考えてくれないなら、あたし、あんたたちの学年からは手を引く。ほら、あたし乳がんって病気持ってて、体しんどいしサ、無駄な努力するつもりぜーんぜんないの。わかる？」

すると、ヒロキは、ソファーから身を乗り出してこう言った。

「山ちゃん、実はオレ、そろそろ身の振り方考えようかと思ってたんや」

この後あたしたちは、腹を割って作戦を立てた。ヒロキがどーしても！と頼むので、授業の流れはカツヤも呼んで三人で考えた。ヒロキとカツヤの指導案は、こうだった。

「ビデオも資料もなんも持ってこんでいい。山ちゃんは紙だけ持ってきて。一人ひとりが困って思っていることを、書ける授業にしてくれ」

「書いてどうすんの?」

「書いたのを山ちゃんが読んで、それをみんなで聞いて、どうするかはオレら一人ひとりが考えるしかないいちゃ。授業の最後に少し山ちゃんの話をしてくれ」

「わかった。やってみる」

❇「心の中を書いてほしい」

担任の宮崎センセイもあたしと同じように、今年この学校に来たばっかり。「保健の授業するから見ててね」と声をかけ、後ろに座って参観してもらった。

さて、授業のはじまりー。と言っても無我夢中でやったので、どんな言葉で何を語ったのか覚えていないんだわ。ただ正直にありのままを話しただけ。

「この学校に来て、二週間がたちました。みんなは学校が楽しいですか? 私は、もうすでに限界。不登校になりそうです。私は病気もしたし、あなたたちのように強い人間ではないから、毎日聞く言葉の一つひとつが心にグサリと刺さるんだなぁ。どんな言葉がしんどいか、今から話すから聞いてくれる? 実は、保健室にはこんな相談がいっぱいなの」

と言い、ヒロキに話したように一つひとつを伝えた。そして、同じような気持ちの人がいたら、書いてほしいと頼んだ。

「私は二度と同じ授業はしない。これが最初で最後と思って心の中を書いてほしい」
そう言った。すると、子どもたちは、ゆっくりと書き始めた。
二〇分後、全員の心の中が言葉になって現れた。
《悪口を毎日のように言われます。人に迷惑をかけていることがわからない人がいます。学校に来る気がしません。》
《人を信じることができなくなりました。信じていた人に裏切られたことがあるので、以来ずっと怖くて、人と話せなくなったし、笑顔が少なくなった気がします。いろいろ積みかさなって死のうと思ったことがあります。自分が死んでも心配する人はいないと思います、正直学校に来たくありません。》
《なんでこんなクラスになってしまったのだろう。こんなクラスにはいたくない。学校は楽しいところのはずなのに……。》
「死にたい」という文章を読みかけた時、あたしはつい涙がこぼれてた。シンやヒロキは、みんなの言葉にびっくりしていた。「も、もしかしてオレのこと?」って顔して、ちょっとモジモジしていた。
さて、全部を読み終わった後、最後に一〇分だけ山ちゃんのお話。まず、半年前ホスピスで妙子

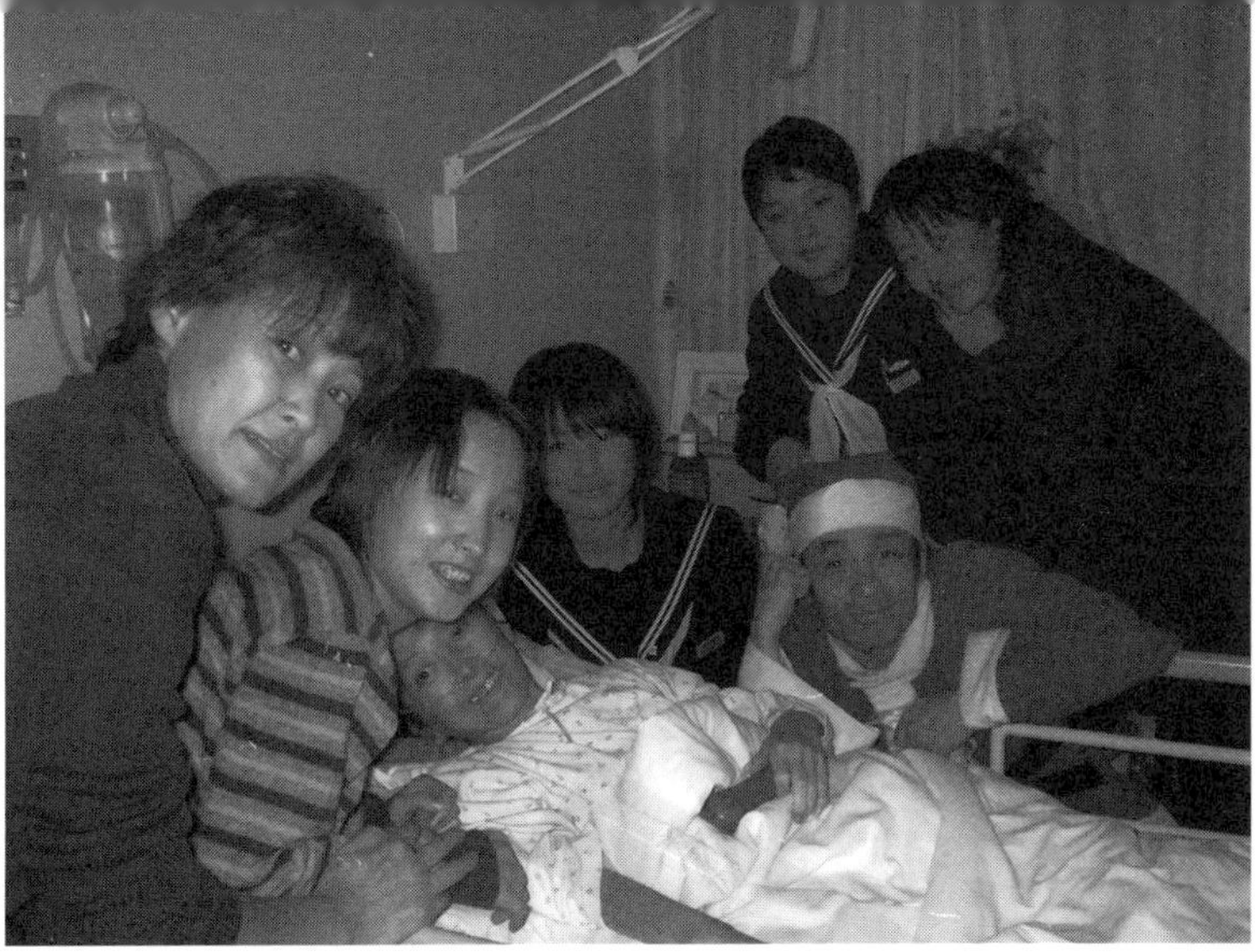

ホスピスで植田さんと最後のお別れ。いのちの授業の時は、いつもこの写真を子どもたちに見せる。

さんと撮った写真を見せた。彼女が旅立つ三〇分前の写真だ。その横で二人の中学生が妙子さんに寄り添って静かにこちらを見ている（写真上）。そう、前任校の子どもたち。ホスピスとはどんなところなのか、私たちの出会いと別れの話をした。

「人生にとって大切なものはね、自分をさらけだせる友達がいるかってこと」「私を見て。人が死ぬということはね……」

妙子さんの最後の言葉をゆっくり伝えた。子どもたちはシーンとして聞いていた。その後、あのガバンを取り出した。

「この言葉を見てください」

と言って落書きを読み始めたけど、声がふるえる。

「あなたたちは、このガバンの言葉をそのまま引き継ぐの？　このままでは、この学校の中に本当に死ぬ人が出てくるかもしれないよ。誰かが死んだ後、後で気づいても遅いんです。人と助け合う人生を送るのか、人を傷つける人生を送るのか、今が分かれ道。どの道を歩くのか自分の頭で考えてください。もし、今のままの雰囲気なら、私はもうこの教室に授業に来ない」

ってな感じでちょっとシビアな終わり方をしたんだけど、授業後の感想を読んでびっくり！

【授業後の感想】

《今日の授業でクラスの人の気持ちがわかりました。追い込まれた人の気持ちや、ぼくが言った言葉で気持ちが悪くなった人の気持ちがよくわかりました。山ちゃん先生、どうか授業に来てください。もう授業をめちゃくちゃにしないので》（シン）

《今日の授業で、あんなにみんなの心の言葉が出てくるとは思わなかった。僕たちの何気ない言葉でみんなに不快な気持ちを与えたのなら、あやまりたい》（ヒロキ）

《こんな授業をしたのははじめてだったので、とてもいい経験になりました。感じたことは、今までとっても悪いことばを言っていたんだなぁと思いました。これからはこんなことをなくしていきたいです。山ちゃんセンセイ、内容はまかせるからこれからも授業をしてください》

《みんな、心の中にはいろいろなつらいことをかかえこんでいたんだなぁと思いました。それと、命の大切さをあらためて知ることができました。今回の授業は、みんなにとってとても良い経験になったと思います。学習したことを生活の中に取り入れて、みんなで少しずつ変わっていけたらいいなと思っています。つらいけどみんなでがんばって乗り越えていきたいです》

❇掃除するワルガキ

たった一時間の授業で、それまでの生き方が変わるなんて思っちゃいないけど、あたしと子どもたちの距離は少し近づいた感じだった。宮崎センセイも、ウルウルしてたっけ。

そうそう、あの日から一つだけ変化があった。サルが掃除を始めたのだ。シンとヒロキがほうきで掃き、モップで床を拭き、ガラスをみがく。三日坊主かと思ったら、それからずーっと続き、あたしが忘れていると、シンが保健室まで呼びに来るようになった。

「山ちゃん、掃除の時間になったで。行こう」

三人で、でっかい声を出して歌いながら、掃除をした。ただそれだけの繰り返しなんだけど、ダチになっていっしょに働くとなんだか楽しかった。

【一カ月後】

続きの「いのちの授業」は現在も進行中。なぜか子どもたちには大好評。少しずつお互いの距離が近づいた感じ！

27

医者の卵たちに「よい医者、ワルイ医者」を講義

あたしのおっぱいを切った病院の副院長・藤富先生から頼まれて、医科大学の学生にお話をするようになって一年余り。毎月一回、六〇分間、ワルのがん患者の代表（?）として、T病院へ行き、「よい医者、ワルイ医者」についておしゃべりしてんだけど、これがけっこうおもしろくてねー。たとえば、昨日の医大生の場合。

「あなたたち、どうして医者になろうと思ったの?」

と尋ねると、「父が医者なので」「家が医者なので」というのが多い。

「ふーん……あたしんち、お菓子屋なんだけど、親の大変さ見てると、小さいころからお菓子屋にだけはなるまいと思ってたで。あんたたちと逆やなー。アハハッ」

と笑うと、なぜかうつむく学生たち。「ホントは、儲かるからでしょ〜」って言いたいところだけど、言える空気じゃないもんね。なんか……暗いんだなぁ。

「なんでも質問していいよ。何聞かれても腹立てたりせんで」と言うと、ボツボツ手が上がる。「どういうふうに告知を受けましたか?」「どう告知してほしかったですか?」「告知を受けた時の気持ちは?」「家族のようすは?」「温存手術をしてよかったですか?」など続く質問に答えながら、こんな医者は困る、あんな医者はムカツク、たまにイイ医者に出会うと嬉しい……など体験したことを思い出して話すと、横で藤富先生はニコニコ。でも、感度の鈍い学生の言葉には、ビシッと切り込んでくれる。

❇「なぜ?」を忘れた学生さん

「あなたのように、自分に告知してほしい人もいますが、告知してほしくないという患者さんには告知する必要ないでしょ」と発言した学生に、

「ちょっと、待って。きみのようにはじめから決めつける言い方では、患者さんは心を開かないよ。人に質問する時は、『私はこう思いますが、あなたはどう思いますか?』と尋ねるものです。大切なことは、その患者さんがなぜ告知してほしくないと言ったかです。患者さんには一人ひとり違った生活背景がある。そこが見えるまで患者さんと話をしなきゃ。『告知してほしくないです』『あっそうですか』じゃ、だめだね」

こんな学生もいた。

「あなたは、《自分が乳がんになるなんて思ってもいなかった。だからすごくショックを受けた》と言いましたが、私はそんな人がいることの方が不思議です。私は、自分だって乳がんになるかもしれないと思っていますし、検診にも行っていますよ」

と自信たっぷりのお嬢ちゃん。こーゆーのをエリート意識ちゅうんだろうねぇ。もちろん、反撃したけどサ。

「じゃあ、尋ねるけど、あなたは月経が終わって五日から七日目に自分の乳房をさわって毎月チェックしてる？　お風呂でさわる習慣がある？」

と言うと、「いえ、そこまでは……」と言いながら目をそらす。

「私の周りは、検診で乳がんを見つけた人よりも、自分でさわって見つけた人のほうが多いよ。毎年検診に行っていても、急にでっかくなるシコリもあるんだから。それからね、どんなに知識があったって、実際に乳がんになったらショックを受けるもんよ。あんた、そんなこともわからんの？」

※思ったより純粋でカワイイ

こう書くと、医大生は、生意気なヤツばかりみたいだけど、そーでもない。思ったよりずーっと純粋で、イイ医者になりたいと夢を抱いている若者がいっぱいいたなぁ。

「お医者さんは、説明は上手だけれど、患者の話を聞くことのできる医者はまだまだ少ないと思う。

たとえば……」と言いながら、（亡くなった）Kさんが医者のひと言にひどく傷ついた話、全身に転移し抗がん剤で治療中のTさんが、主治医に質問すらできない不安などを話すと、学生たちは一生懸命聞いてくれた。

《毎日、覚えることがいっぱいで、それをこなすことに一生懸命でした。今日は、ナマの声を聞き、病気を診るのではなく、患者を見ることの大切さに気づきました》

《がん患者さんというと、暗いんだろうなと思っていましたが、私たちより明るくて、なんだか勇気をもらったような気がします》

なーんて感想を言う時、目がキラキラ輝いているんだから、カワイ～イ！

❇日本じゃ珍しい「授業」

そうそう、この日は、学生に混じって若いお医者さんもいたわ。

「私は、小児病棟の医師です。主に白血病の子どもたちの治療をしているのですが、小学生や中学生に告知をする時、いつも悩みます。今日は、あなたのお話が聞けて本当に良かった。ぼくもがんばります」

と言って、ペコンと頭を下げたのは大学病院の福原先生。母親が乳がんで、危篤なんだって。ジーンときちゃった……。

こんなふうに《医者の卵が、がん患者から学ぶ実習》ってのをやっている病院は、日本じゃまだ珍しいんだってサ。だから、学習会のおしまいに、藤富先生はいつもこう言う。

「あなたたちは、来年から医者としてスタートする人たちです。今日のように患者さんの話を、こんな形で聞かせていただくことはおそらくもう、ないと思います。患者さんから学ぶことはたくさんありますね。人は、経験していないことはわかりません。だからこそ聞く努力をしてください。イイ医者とは、まず患者の話を聞く医者だと、私は思います」

今度は、どんな学生に出会うかナ？　楽しみだナ！

28

不登校・敬太くんの変身のナゾ

✻あの無着成恭さんが近くに引っ越して来た！

ねえ、読者のみなさん、無着成恭《むちゃくせいきょう》さんって知ってる？

泉福寺の「南無の会」の後、無着さん（右）、永さんとおしゃべり。

むか〜し、「子ども電話相談室」でおもしろい話をしたり、『山びこ学校』というベストセラーになった本を書いた方。長い間、学校のセンセイをしておられたけど、実はお寺のお坊さん。そんな有名人が最近、うちの近くのお寺の住職さんとして、引っ越して来たの！　イノシシとタヌキとムカデしか暮らしていないような山ん中の寺が、どーして国の重要文化財なのかわからんけど、そこに無着さんは住んでいる。有名人を見ると興奮するタチのあたしは、時どきそのお寺へ行き、お参りしているんだけど、山形弁で語ってくださる「いのちの話」って、いいんだわ〜。心がふわっと暖かくなる。

そうそう、先週はここに永六輔さんが訪れ、お寺の本堂で二人のお説教があったんだ。ところが、どこで知ったのかあちこちからゾロゾロと人が集まって、なんと総勢八〇〇人！

＊お寺で永さんと無着さんの爆笑講演

村のじいちゃん二人が、慣れない受付係をしていたが、まさかそんなに集まるとは思っていなかったので、本堂はパニック状態。どど～っと、なだれのように人が押し寄せ、受付はすぐにパンク。じいさんはオロオロ。

あたしは、「乳がん患者の会」のボランティアで来てくださった永さんの運転手としてくっついて行っただけなので、今回はおとなしくしておらねば……と思っていたんだけど、気づいたら、募金袋を持って本堂の入り口に立って叫んでいた。

「みなさ～ん、会場整理をしま～す！　この袋にお金を入れたら、畳の上へどんどん、お上がりください。お金はこちら！　お席はあちら！　トイレはそちら！　ありがとうございま～す」

これで三〇〇人くらい、勝手にさばいたもんね。後で無着さんから聞いたんだけど、集まったお金は中越地震の被災地に寄付するんだって。あたし、チョット感謝されちゃった。

それでも会場に入りきれなかった五〇人のお客さんは、境内や石段に座りこみ、耳を澄まして話を聞いていたっけ。最初は「わしも、入れちょくれ！」「なしか！」と、ブーブー言っていたお客さんも、秋の日差しを浴びながら、永さんと無着さんの爆笑連続のありがた～い言葉を聞くうちにニッコリ。空を見上げ、ゲラゲラ笑い、ウンウンとうなずいていた。帰る時の、みなさんのお顔のイイこと。プロのお説教って、まるで精神安定剤やね。すげぇ〜。

✻不登校の子どもについて話し合う「サポート会議」

中学校の授業が、こんなおもしろい授業だったら、不登校の子どもたちも、ウズウズして教室に行きたくなるだろうなぁと思いつつ、翌日は再び学校へ出勤。今日は、午後からサポート会議。サポート会議って知ってる？　不登校の子どもについて、教育委員会の代表や教職員、心の相談員や民生委員などが一緒に話し合う会議。

この会議のおもしろいところは、参加する教師は学級担任だけではないってこと。不登校の子どもに関わっている大人は全員集合！って感じなので、事務職員や地域のスポーツクラブのコーチ、校務員や給食調理員、養護教諭など、その子と関わりを持っているいろんな立場の大人が話し合えるんだ。つまりね、金八先生みたいな教師はテレビにしかいないんだから、その子と相性のいい大人たちがチームを組んでもっと積極的に関わりましょう、そして、その子の様子を語り合いましょう、っていう会議なの。

さて、今回のサポート会議で、教育委員会のおっちゃんが一番びっくりしていたのが、敬太くんの変身ぶりだった。

敬太くんは半年前まで、部屋から出ず、パンツ一枚で布団にもぐり込んで、「引きこもり」をやっていた。その敬太くんが二学期になり、なぜ学校に来るようになったのか？　あたしにもわかんない。でも、「そう言えば、こんなことがあったな」ってことはいくつか覚えているので、思い出して書いてみよう。

❇変身！　敬太くん

あたしが敬太くんに出会ったのは始業式の翌日。

朝、お母さんが車に乗せて、かわいい男の子を連れてきた。それが敬太くん。こんな小さな学校にも不登校の子がいたんだね。

「あたし、病気で手術して左腕に重い物が持てないんじゃけど、ちょっと、運んでくれない？」と、車の中の彼に声をかけてみた。すると彼は、あたしの車からカラーボックスを降ろし、保健室に運びこみ、手際よく組み立てた。

パソコンもできるという彼に、今年も山ちゃん専属の秘書がいただける！　と喜びかけたが、休み時間のチャイムと共にやってきたサル軍団の一人が、彼を発見するなりこう言った。

「おー敬太、来てるんかあ。おまえ保健室登校か？　いいのぉ。オレも保健室登校になりてえもんじゃ」

そして翌日は「あいつ死んだ?」
これじゃ、あたしだって登校拒否になるよ。それから敬太くんは欠席が続いた。

❇お母さんと仲良しに

「いったい、何しているんだろ?」と思い、家へ行ってみると、いつ行っても布団の中。朝までテレビゲームをして、昼は眠る生活なんだもん。でも、毎日通ううちに、お母さんとはすっかり仲良しになっちゃった。

お母さんは、スジガネ入りの元ヤンキー。金髪のロンヘアをなびかせ、たばこを片手に運転する姿がサマになるタイプ。彼女は、離婚も再婚も出産も育児も、全部一人で受け止めて波瀾万丈の人生を歩むヤンママちゃん。あたしのできることと言ったら「男なんてね〜」と悪口を一緒に言うくらいなことでして……夜遅くまでしゃべりまくったわ。

▨5月＝いっしょに昼寝

このギョーカイでは、勤務時間中に堂々と学校を脱出できることを「家庭訪問」と言う。これって、やっているとクセになる。

せっかく、がんばって引きこもっている敬太くんの世界を邪魔してはいけないので、あたしは彼の家でよく昼寝をした。学校を異動し、新しい環境の中で緊張ぎみだったので、横になるとすぐ眠れた。母親も親戚も仕事に行って留守がち。なんて、ステキな家でしょ！

午後になるとイソイソ出かけるあたしに、「あんた毎日行って、何してんの？」とは誰も言わなかった。校長センセイも教頭センセイも、「おつかれさま」な〜んて声をかけてくれた。

▨6月＝会話なし

梅雨になって、蒸し暑くなったせいか、時どき布団から出てくるようになった。でも、会話することはなかった。よだれ食って眠っているあたしの邪魔をしなかった敬太くんに、お礼を言いたい。ありがとう。あんたのお陰で体調はグッド！

▨7月〜8月＝勉強の夏休みに

ある日、三時頃行ったら、ホットケーキを作っていた。「あたしも食べたい」と言ったら、一枚分けてくれた。おいしかったな。そうしているうちに夏休みが近づき、ヤンママが保健室に相談に来た。

「ねー山ちゃん。敬太はどうやらあんたに慣れたみたいだよ。そろそろ、勉強くらい教えてよ。夏休み中は、他の子どもが学校に来ていないから、怖がらずに校舎に入れるチャンスじゃん」

困った。ああ、困った。教科書を開いたとたん頭痛がした。あたしには、英語も数学も理科も社会も全部ムリ。国語の教科書読むくらいがやっと。そうだ、彼女に頼もう！　うちの学校の事務職員の北村さん。彼女はリカちゃん人形のようにかわいいし、若いから中学校の教科書はまだ覚えているはず。さっそく頼んだらＯＫしてくれた。ラッキー！　他のセンセイたちは、部活動や出張やらで夏休み中もバタバタしてアテにできないもん。

敬太くんは、北村さんとはピッタリ相性が合った。お母さんの送り迎えで、事務室に通い、まるで家庭教師みたいにペアで勉強をはじめた。あたしは、「勉強は教えきらんけど、中華料理を食べに行こう」と、敬太くんと弟を誘ってごはんを食べに行った。

◎９月＝お迎えに行くと……

朝、ヤンママが敬太くんを車に乗せてきた。夏休み中はスルリと車から降りて校舎に入れたのに、「おはよう！」という子どもたちの声がしたとたん、体が固まって動かない。引きずるように降ろして、ヤンママが怒る。

次の日も次の日も同じ。あたしはヤンママに言った。

「こういうのってお互い苦しいから、もうやめようや。自分の足で車から降りないと先々続かなくなるで。あたしが毎日家に迎えに行くから、あんたは仕事に行きな。こんなに仕事を遅刻したらクビになるで」

翌日、一〇時頃お迎えに行ったら、彼はさっとあたしの車に乗って学校に来た。保健室にすっと入り、プリントをあげたら自習なんか始めちゃった。不思議だね。わかんないけど、そうなったの。

その日から、四人の教職員がローテーションを組んで毎日、家へお迎えに行っている。彼は、タタタッと走って、家から出てきて車に乗り、保健室や事務室で勉強。教室には行かないが、友達が誘いにくると、ニッコリして音楽や体育の授業は出るようになった。

大好きな部活動のバスケットボールをする時は、めちゃ生き生きしている。学校が休みの日は社会体育のバスケットボールのコーチが、たっぷり教えてくださるので、ぐんぐんうまくなっている。

◎10月＝修学旅行に誘いたいけど

修学旅行が近づいた。ヒロキとシンが、「敬太くんも、行けたらいいな」とつぶやいている。敬太くんの担当をしている市のカウンセラーに「修学旅行に行こうやと、誘ってもいいですか?」と、相談に行ったらこう言われた。

「敬太くんにとって、大切なのは、学校に来ることでも、修学旅行に行くことでもありません。人は信じられるのだということを、感じることです。彼は今までの人生の中で、大人からも子どもからも傷つけられて、ズタズタになってきました。今、やっと人を信じる力を取り戻しつつあります。山田センセイ、ゆっくり待ちましょう。笑顔をとりもどしただけでもすごいことですよ」

うんうん……。納得!

「敬太を頼む」「敬太に声をかけてくれ」「敬太をひとりにしないでくれ」と、サル軍団に言い続けて六カ月がたった。いよいよ修学旅行の日がやってきた。

❇来た！　ヤンママの涙

朝の六時。さあ出発！　彼は、大きなバッグを抱えて時間通りにやってきた。ヤンママはあたしの顔を見て、頭をペコリと下げ涙をこぼした。

四日間の修学旅行中、彼はサル軍団とゲラゲラ笑いながら楽しそうに旅をしていた。夢みたいな姿だったな。でも一番張り切っていたのは、担任だったみたい。「オレについて来い！」とでっかい声を出しながら、旗を振り、敬太くんのそばをウロウロしながら、パチパチ彼の写真を撮っていたっけ。かわいいとこあるね。

◎11月＝子どもは大人のマネをする

毎日、彼は学校に来ている。相変わらずお迎えが必要だけれど、教室や友達とちょうどいいくらいの距離をおきながら、穏やかな表情で保健室にいる。担任はもちろん、サポートしてくれる大人たちのチームワークも軌道に乗り、それぞれができることを見つけて彼に関わっている感じ。

サルはすぐに大人のマネをする。「体育に行くぞ〜」「給食に来んか?」「帰りの会が始まるで」「バスケに行くぞ〜」と、よく誘いに来る。修学旅行の夜、話したヒミツ話を、掃除時間、教室でコソコソ語り合ったりしている。

そうそう、次の目標は、全寮制の高校に入りバスケットボールを続けることなんだって。これはヒミツ。やっと少し、会話ができるようになったんだから！

❇みんながあたたかくなった

学校には、心の相談員や市のカウンセラーのおじさんがフラリとやってくる。暇そうなので、「ちょっと敬太くんに、英語を教えてください」と頼んでみた。心の相談員のおじさんは、元小学校のセンセイ。保健室で英語の教科書を広げていた敬太くんに、おじさんセンセイはこう言った。

「敬太くん、帽子という英語は、びっくりたまがるんじゃ」

「……？」

「敬太くん、驚いたときに何と言う？」

「……」

「いいか、帽子はびっくりする、と覚えちょきよ」

と言ったかと思うと、大きな声で叫んだ。

「ハッと！　するじゃろう。ハット、ＨＡＴ、ｈａｔ！」

センセイの声があんまり大きいので、敬太くんはひっくり返って笑っていた。

帰り際に、おじさんが、玄関でこう言った。

「山田センセイ、どうして敬太くんが、学校に戻ってきたと思いますか？　奇跡的なことだと思うのですが」

人の心の変化のきっかけはいくつもあるから、あたしにはわからない。でも、この頃、敬太くんの周りにいる子どもと大人たちが、あったかくなったような気がする。もしかして、敬太くんが、周りの人間たちを変えたのかも？

29

子どもたちからの「マル秘通知票」

それは、終了式の日のことだった。

二年の学級担任の佐伯センセイが、急用で年休を取ることになりピンチヒッターにあたしが適用された。といっても職員室の席が隣りなので、「すみませんが、子どもたちに通知票を渡しておいてください。ボク、家に帰らないといけないんです」と頼まれただけ。

「いいよ」とOKしたものの、日課表を見ると二時間も学活があるではないか！　どっさり印刷してある「冬休みの暮らし」や「学習時間表」のプリントと通知票を受け取り、あたしは思った。

「これで時間をつぶしてもつまらん。予備校ごっこでもしようかな」

一浪中の息子一貴の話では、予備校では、生徒が先生の評価をするのがあたりまえになっているらしい。学校に評価制度が導入されるのは二年後。東京や大阪ではやってるらしいけど、校長が教職員を評価し、教育委員会が校長を評価する大人向けの通知票のようなものが、人事とか給料とかに使われてるんだって。って言うことは、あたしみたいによく働くおばさんは、給料二倍もらわんとね。

❇全教科の通知票、保健室も評価しよう

さて、教室へ。名前を呼び、手渡すたびに、「あ〜下がった！」「あ〜なしか！」と通知票を開けたり閉じたりしている子どもたちに、あたしは静かに言った。

「さて、みなさん、今年も通知票をもらってショックを受けましたか？」

「ハーイ！」

「そうですか、では今からここだけの話をします」

「またですか……山ちゃん」

「はい、今からみなさんに通知票をつけてもらいます。ただしウソはいけません。本当の通知票を作りますので協力してください」と言って、空欄ばかりの通知票を配った。

「たとえば、数学の授業。よくわかるように教えているかどうか1から5で書いてください。その横に、こんなところは努力しているが、ここはもっと努力してほしい！と、ていねいに書いてあげてください。これを全教科やってみましょう。ついでに保健室も評価してみましょう。ウソを書いたらさようなら。ホントを書いたらお友達。自分の名前は書かなくてよし」

「え〜!?　これってセンセイたちに見せるんか?」

「見せたら、不登校になるセンセイが出るかもしれないので、そのまんまは見せないけど、必要があれば、あたしが伝えます」

「マジ?　マジかよ〜!!」

と、ウハウハ喜びながら、書きはじめた。

「山ちゃん、〇〇はマイナス1をつけてあげたいんですが、いいですか?」

「好きにしてください。ただし理由を具体的に書いてください」

「ヤッター!!」

鼻水たらしながら、トシやシンが小さい声でつぶやく。

「授業を雑談でつぶしてくれるのはいいけれど、生徒の意見はきかず、暴言多い。しゃべりすぎ」

「忘れ物をしたら教科書の角で頭を叩くのはやめるべき。痛い！」「授業たいくつでわかりにくい」

※読み上げると爆笑が！

三〇分後、結果発表。といっても評価があまりにもキレが良くシャープなので、全教科を読み上げるのはやめて、一緒にいた益美センセイ（美術担当）と、あたしの分だけ読み上げた。教室は爆笑の連続。ちなみに益美センセイの評価を紹介すると……。

■話はおもしろいし、ちゃんと授業をしているようですが、センセイなのに言葉遣いが高校生みたいです。今後は、気をつけましょう。

■デザインや色の塗り方をわかりやすく教えてくれ、楽しい授業ですが、授業中の声が小さい。もっと生徒に指摘をしてほしい。「勝手にやって」というお気楽な授業にならないように努力を続けてください。

■いろいろアドバイスしてくれるので、わかりやすい。

大学を出たばかりの益美センセイは、ドキドキしながら一枚一枚を読み上げた。ぜんぶ読んだ後、「なんか、やる気が出てきた!! ありがとう！」と喜んでいたっけ。鉄は熱いうちに打てってかーんじ。若いのに、よくがんばったね！と、みんなで拍手。えっ？ あたしの評価？ マジ恥ずかしいけど、少しだけ紹介しよう。

※あたしは、高得点だったんだけど

保健室は、「5」が3人で、「4」が12人。高得点であった！　だけど……。

【評価の理由】

■山ちゃんは、いのちや心の授業をして、みんなのことをよくわかっていてイイと思いますが、この中学校に来てもう一年たつのだから、生徒の名前を間違えず覚えてほしい（おおたさん↓いわたさんと言い、みかさん↓みきさん、しょうた↓しょうやと言う）。

■保健室は休み時間に行くと楽しいです。いっぱい人が来てにぎやかで好きです。

■話をよく聞いてくれるところがいいですが、つめ切りと、電子体温計がこわれています。

■保健室にはビデオや本がたくさんあり、見たい時、調べたい時に自由に見れるのがいいところです。でも、たまにごちゃごちゃちらかっています。忙しいのはわかりますが、片づけましょう。

■山ちゃんは、ぼくたちが知らないことや、差別について教えてくれるからとてもいい。保健の授業もわかりやすいし、山ちゃん最高〜！

■いろいろなおもしろい人を連れてきて授業をしてくれるのが楽しい。でも、いきなり質問したり感想をいわせるのでビビル。笑福亭鶴瓶さんをもう一度連れて来てください。（注・6月に

「いのちの授業」に来てくれたの！）

■保健の授業は、絵や図やビデオの資料を使うので、わかりやすいです。時間をかけてもっとゆっくり勉強したいです。たまに保健室にカギがかかっていることがあるので、さみしい。

■保健室は楽しくする部屋になっています。でも、山ちゃんはたまに、時々ヘンなことをします。

■山ちゃんの授業では、いろんなおもしろい方と交流できて、楽しいし勉強になります。わかりやすくていい授業です。でも、山ちゃんは忙しいと早口になるので、手伝っている私は、山ちゃんが何を言ってるのか聞き取れないことがあります。気をつけましょう。

■生徒をよくみています。ニコニコしていてやさしそう、相談しやすい。もう少し保健室にいてほしいです。出張を少なくしましょう。

ということで、三学期は、講演（出張）をぐっと少なくして保健室に居すわることにしようっと！

（昨年は小学校から老人会まで、毎月講演に出歩いてしまった。）

ワルガキたちの評価はきびしい。今年もよろしくたのむ！

第Ⅵ章 いのちの重さ
——生と死のはざまで

30

いのちのバトンタッチ——恩師との別れ

※最後のお見舞い

お別れは三日前だった。宇野先生のお連れあいから留守電が入っていた。

「山ちゃん、主人が会いたいと言っています」

携帯の声が泣いていた。

翌日すっとんで、病院へ。酸素マスクをつけて、目を閉じている先生の耳元で、

「山田です。来ましたよ!」と言ったら、右の瞼から涙がこぼれた。お連れあいが、

「聞こえたんですね。良かったね」と言いながら先生の手を握った。

「昨日まで意識があったんですよ。あなたのことを最後まで心配していました。『娘さんが病気で(注1)泉は大変なのに、今の自分は何もしてあげられん』って……」

先生は教え子の心配をしながら、そのまま意識が戻らずに六四歳の生涯を閉じた。

「宇野先生が入院したそうじゃ。えらい痩せてどっか悪いごちゃる」という噂を聞き、大学病院へお見舞いに行ったのが一カ月前。病室のベッドに横たわっている姿は、俳優の宇野重吉さんが、さらにダイエットしたようなお顔だった。

「お〜泉か。よく来てくれたのぉ」

と体を起こし、三〇分くらいおしゃべりしたのが最後になった。

「あたしは乳がん。先生は膵臓がん。いい教師は、がんになるんかなぁ?」と言ったら、

「ハハハッ。ほんと、なしかのぅ〜。でもな、おまえが出した本（注2）を読んじょったき、良かったやあ。がんの痛みは、医者にはわからん。おれ、痛みを1から5に分けて書いて、医者に伝えちょるんじゃ。薬のノートも作ったぞ」

と言いながら、大学ノートを見せてくれた。

「おれは、あきらめん」――そんな目をしていた。

帰りの車の中で、携帯が鳴った。

《★天女の訪問★　平凡な日が始まろうとした矢先　天からの贈り物　お会いできてうれしかっ

た》

治療でクタクタになっているのに、すぐにこんなメールを送ってくるんだから、宇野先生らしいな。大辞林には、「天女＝美しくやさしい女性」と書いている。モジモジして、涙がこぼれた。

子どもの頃から、勉強も運動も苦手。家業がお菓子屋だったせいで、ケーキとせんべいを食べまくり、思春期にはりっぱな肥満児に成長していた私は、ぼーっとしていつの間にか中学校を卒業したような子どもだった。恩師という言葉を聞いてもピンとこない。そんな私が、今になって気づいた。

顔にかけられた白い布を、そっとはぐった時、「ああ、たった一人の恩師が逝ってしまった」と。

❇出会い、そして再会

三三年前、中学一年生の終わり頃だった。

「こんどの異動で、島へ魚釣りに行くことになりました。チヌやイサキが待っています。四月から離島の中学校です。みんなも元気でいてください」

学級担任だった宇野先生は、離任式の時、教室でこんなあいさつをしてT中学校を去って行った。

「いいなぁ。家族で離島か。うちの親はメリケン粉にまみれて、年中働いてばっか。あたしも南の海で魚釣りしてみてぇ」

心の中でつぶやきながら、教壇の先生を眺めていたことを思い出す。一年間担任をしてもらって、覚えているのはそんだけ。授業中、先生の雑談がおもしろくてよく笑ったけど、内容も笑いのツボもすっかり忘れてしまった。

養護教諭になって、生まれ育った町に戻った私は、宇野先生と同じ職場で仕事をすることになった。しかも母校のT中学校で。

「おう、泉か!」。一八年ぶりなのに、先生はすぐに私を思い出し、「ヨウコやノリコや泉は元気が良かったのぅ」と言った。私は魚釣りのあいさつしか覚えていないのに、あちらはクラスのいざこざまで記憶していた。そんなこと、あったっけ?

小学校から、中学校へ転任してきたばかりの私は、お花畑のような髪のヤンキーたちにビビル日々。シンナー、リンチ、窃盗、家出、性感染症、妊娠……なんでもアリの中学校には、警察と学校を行ったり来たりする子どもたちが、保健室にあふれていた。

生徒指導を担当した宇野先生は、「胃薬をおくれ」と保健室に毎日やってきた。コップに水をくみ、

胃散をゆっくり飲みながら、

「おはよう」「元気じゃったか?」「久しぶりじゃのぅ」「母ちゃんに心配かけてねぇか?」「たまには授業に出てこいよ」と、さりげなく生徒たちに声をかけ、会話をはじめる。

「先生、また胃薬かよ。飲みすぎじゃねんか?」

と番長のアユミが言うと、

「そうじゃ。昨日も飲み過ぎたんじゃ〜」と笑う。

夜、子どもたちが事件を起こしたらすぐに迎えに行けるようにと、あのころ先生は好きなお酒をやめていたのに。

校内にはガムやお菓子のゴミが散乱していた。トイレはタバコの吸い殻、ガムは床にくっついていた。「あ〜屋上の屋根に、またゴミを捨てちょる!!」と怒る教師の横をスルリと通り抜け、窓を開けて屋根に登り、サッと片づけてしまう宇野先生。トイレも廊下も、子どもたちと一緒に、なんだか楽しそうに掃除をしていた。いつの間にか、若い教師がマネしはじめた。

❇メトロノーム

全校集会でも、校則の話はあんまりしなかった。ある時、全校生徒を前に、メトロノームを持ってきて、先生はこう言った。

「みんな、目を閉じてください。何が聞こえますか？」

コチ　コチ　コチ　コチ……。

「では、次は、何が聞こえる？」

メトロノームを止めて問いかける。六百人の子どもたちはシ～ンとして耳をすませる。体育館に初夏の風がすうっーと流れ、鳥がチュンチュンと鳴いている声が聴こえる。

「この学校には、自然がいっぱいあります。たまにはこうして、風や鳥や木の声を聴こうやな～んて話をしていた。「静かにしろ！　このバカ！　グズ！」と大声で生徒を怒鳴る教師もいたけど、先生は、ニコニコしながら宇野流のやり方を私たちに見せてくれた。

「よかった。宇野先生が来てくれて」

音楽のキミコ先生が、そうつぶやいた。

❇「宇野語録」いろいろ

学校は少しずつ、変わっていった。そして私も。目を閉じるとあの頃の先生の声が聞こえる。

「泉、この前、職員会議で提案していた性教育の授業のことじゃけど、やってみろ。いいか。この分野はまだ新しい。新しいことを始める時はな、いろんなカベがあるもんじゃ。でもなぁ、誰かが突っ走らんと進まん。おまえが突っ走れ！」

（私に、「突っ走るな」という人は多いけれど、「突っ走れ」と言ったのは、先生だけ。「出たクギは打たれるけれど、出過ぎたクギは打たれん。どんどん出ろ」とね。「将来は講演を打っちまわれ。わしが、かばん持ちをする」な〜んて言ってたっけ。）

「毎日一つでいい。保健室の中のどこかをちょっと変えてみてごらん。今日は花が一輪。明日は掲示物が一枚。なんでんいい。そんな少しの変化に子どもは気づき、会話が始まるんじゃ」

（さっそく、ポトスを保健室の机の上に置いたら、次の日は冷蔵庫に入っていた。プランターの花は、蹴飛ばされて倒れていた。子どもの心が美しいなんてウソ。でも、ウソが下手なのも子ども。「やってくれたね。あんた！」——ここから始まるワルガキとの物語。一学期が終わる頃、保健室は「三年七組」と呼ばれるようになった。六組までの学年なのにネ！）

「わしもなぁ、若い頃はよく失敗したんじゃ。生徒をとこまえて、殴ったこともあるで。でもなぁ、殴ったところでどうんこんならん（どうにもこうにもならない）。ぜんぶ生徒から教えられたよ」

先生は、じいちゃんみたいな方言を学校でもよく使った。たとえば、職員会議。

「昨晩、ミドリさんが行方不明になりましたが、〇〇事務所に入っているところを、とこまえました（つかまえました）」

「昨晩、泉先生の家にヒロミさんとサチさんが侵入し、ドアを紐できびり（むすび）、風呂場にたてこもりましたが、親戚の説得で出てきました」とか。

事件が起きると、「どげかこげかズッテいかなのぅ」と言っていた。（わかる？）

「わしはなぁ。電車に乗って夜の家並みの明かりを見ると、子どもの頃を思い出すんじゃ。うちは、『ただいま』っち帰っても家に電気がついちょらんかった。よその家の電気がついていると、淋しでのぅ。保健室にくるトモさんもマキさんもユリさんも、小さい時から淋しい思いをしちょる。泉、大変じゃろうけど、頼むで」

（三人ともめいっぱいつっぱって、ひととおりの事件を起こして卒業した。今はこの町で、すっかり「お母さん」になっている。ワルガキは地元に残り、エリートは都会へ出て行く。「できる子は、ほたっちょっていいき、できん子をかわいがっちょけ」と先生は言ってた。）

❇教師は井の中の蛙になりやすい

五歳と三歳の子どもを保育園に預け、一日中保健室。夜になると、シンナーでラリッタ子どもや、プチ家出人が家にやって来るという日々。昼夜走り回っていた私に、先生はこんなことを言った。

「百聞は一見にしかずという言葉があるじゃろう。おまえ、ヨーロッパへ旅行してこんか？　子どもは、ばあちゃんに預けて、三週間、教職員の海外短期派遣研修に行ってみんか。今からすぐ家に電話してみよ」

びっくりした。

「学校にいるとなぁ、忙しくて視野が狭くなるんじゃ。生徒は大切じゃが、保護者や町の人と知り合い、つながっていくことをせんと、教師は井の中の蛙になりやすい。今のうちに外国へ行って、いろんな学校や町を見てこい」

校長室へ行くと、校長さんが「電話、どーぞ」と待っていた。

「母さん、子どもみてくれる？　宇野先生が勉強に行ってこいっち」

「はぁ？　先生が言うてくるんならいいけど……」

出発の前日、「ところで、あんたどこに行くん？」と言う母に、「ドイツ、フランス、オランダ、オーストリア、イタリア」と言ったら、キレていた。おかげさんで、幼稚園から大学までの授業を見て歩き、ナースティーチャーにも会え、めちゃ楽しかった！

❇いのちのバトン、受け継いで

宇野先生は言葉のとおり、それから一五年間、町の中でボランティア活動をしている人たちの集まりにちょくちょく顔を出していた。映画会や反戦・人権コンサート、生と性の講演会の会場でも、よく会ったなぁ。

昨年校長を退職し、隣保館の館長になってからは、「泉、何か企画する時は声をかけてくれ。手伝うきの」と言い、泉企画の実行委員会には必ず来てくれた。三月にお寺で行った永六輔さんの講演会の時は、会場準備や駐車場の手配、ＰＲやチケット売りをしながら、一緒に動いてくださったのに……。

子育ても仕事も、ボランティア活動のことも、ピンチの時は先生に相談し助けてもらった。ふりかえってみたら、私にとって人生の恩師だった。

先生、私はもう十分よくしていただきました。子宮筋腫（注３）の手術をした時も、乳がんの手術をした時も、真っ赤なバラの花束を持って、「よくがんばった！　しばらくおとなしくしてろよ」と病院にかけつけてくださったでしょ。今度は私が、バラの花をどっさりかかえて、同じセリフを言おうと思っていたのに、間に合わなくてごめんなさい。先生が理科の授業で教えてくれたことは、きれいに忘れたけど、先生の生き方は一生忘れません。今はまだ、保健室に戻れるかどうかわからないけれど、もう少しだけ保健室のおばさんをやってみたいと思ってます。

恩師からいただいた、いのちのバトン、しっかり受け継いで生きていくからね！

さようなら

二〇〇五年七月一日

雨のお葬式の日に

〔注1〕娘の真美はこの頃、体をこわして入院していた。
〔注2〕『ひとりぼっちじゃないよ――はじめての乳がんを生きるための知識とこころ』（オードリーの会編／一八九〇円・木星舎刊）
〔注3〕子宮筋腫の手術は一九九八年六月、三九歳の時。

31

働きづめの父が倒れた！

✻父が救急車で運ばれた！

七二歳の父が、突然倒れて二週間になる。まんじゅうを配達した先の家でバタンと倒れ、救急車で運ばれた時には、すでに瞳孔《どうこう》が開いていた。いつものようにお菓子を作り、笑って配達へ行き、戻ってきた姿は意識不明の重体。こんなことってあるんだね。たまがった。

「泉、お父さんが倒れて救急車で運ばれたんち。私は、今から車を運転して救急病院まで行くき、あんたも真ちゃんが帰ってきたら一緒にきちょくれ。ほなまた」

九月七日の夕方、五時頃だった。受話器の向こうの母の声が妙に落ち着いて、淡々としていた。せめてこんな時くらい、オロオロしながら、「お父さんが……お父さんが……ううっ」と涙声なんか出して、ふるえてもいいのにね。母は、やっぱりスジガネ入りの〝鉄の女〟。ピンチの時ほど、しゃんとする。

❇ひたすら働いて

「お父さん、大丈夫?」

と、病院にかけつけた私に、

「タバコの吸い過ぎ、パチンコのしすぎじゃ! もぅ、あげあっきなぁ〜」

と、父の日頃の不摂生を怒っていた。

「わしは、病院に行って病気を作るヒマなんかねぇ」が口ぐせで、風邪や高熱でフラフラしていても自己流で治し、検診はもちろん、絶対に病院に近づかなかった父。前交通動脈という脳のど真ん中に、巨大な動脈瘤《どうみゃくりゅう》ができていたなんて、全く知らないまま、ひたすら働いてきた人生だった。

三〇分ほどしてミドリムシのような手術着を着た医師が、薄暗い廊下の向こうから、すーっと現れた。

「土谷さんのご家族ですか？　今から手術をしますが、脳動脈瘤破裂によるクモ膜下出血で、大変危険な状態です。手術中に亡くなることもあるかもしれません。最善を尽くしますが、よろしいですか？」

マスクの上から大きな目がギョロリとのぞいている。こんな時、「やだ。ちょっと待って」なんて言えるはずがない。「は、はい。よろしくお願いします」と深々と頭を下げながら、廊下の椅子に座り込み、これって夢じゃない？　マジかよ……と心の中で思った。母はポカンとしていた。

❇泣いた〝鉄の女〟

破裂した動脈瘤は二・五センチもあった。たまたま当直だった上原先生は脳外科医としてはこのへんでは、腕のイイお医者さん。「こんな大きな動脈瘤ははじめて見ました」と、術後びっくりして言った。生存率一〇パーセント。人工呼吸器とたくさんの管につながれ、ＩＣＵ（集中治療室）で父は、生と死の間をさまよっている。

そして、母は、父の手を握り悲しみにじっと耐えている……と書きたいんだけど、

「お父さんには、泉がついちょきない。私は、注文をやらないかん」

と言い残し、サッサと店に帰ってしまった。〝鉄の女〟は、夫が危篤でも店を閉めない。

母は貧乏なお寺の生まれ。行きたい学校にも行けず、看護婦への夢を諦めたそうだ。「同級生が制

服来て歩いている橋の下でね、あたしゃ土方をして働いたよ。麦藁帽子を深くかぶってねえ」という青春時代。そんな母の口癖は、

「泉、いつでも一人で生きて行けるように手に職をつけときなさい。夫なんていつ死ぬかわからないんだよ」（これ、幼稚園の頃から言われていた）「人からいじめられるのはいいんだよ。いじめる子になっちゃいけない」「あんたはどこへ行っても大丈夫！　友達をつくるのが上手だもの」……

一年中、忙しい商売だから、盆も正月もない暮らしだったけど、思い出してみたら……なかなかいいこと言ってるじゃん。何度も言われると子どもは暗示にかかるもので、あたしの中にはずっ～と「どこへ行ってもやっていける人間なのだ」というヘンな自信があるもんね。こういうのを、たしか…《自己肯定》とかいうんでしょ。昔の母はエライ！

なのに、そんな母が一度だけ、涙をぽろぽろこぼして病院の廊下で泣いたことがあった。父が倒れて四日目の朝だった。

母は、父の顔を見に毎朝八時頃病院にやってくるんだけど、なかなか会わせてもらえない。「ＩＣＵの面会時間は、午前一〇時三〇分～一一時までと、ここに書いているでしょ！」と看護師から、校則じゃなかった病則（？）のプリントを手渡されて、ピシャッと注意される日々。

「そげな決まりんとおりしよったら、私は死ぬまでお父さんに会えんちゅうことじゃ」

と言いながら、とうとう母はＩＣＵの前で泣き出してしまった。病院に泊まって待機している私は、いつでも父に会えるのになんでこうなるの？　と思い、看護師に尋ねたけど、とりつくしまもない。この病院の看護師は、アタマが固い。

翌日の朝、私は上原先生に直訴状（？）を渡した。

❇上原先生への直訴状（？）

《このたびは父の手術をしていただき心から感謝申しあげます。（略）さて、こんな大変な状態の時ですが、先生にどうしてもお願いしたいことがあります。それは、母の面会のことです。

母は父と二人で四八年間、お菓子屋をやってきました。父が突然倒れてしまったことで一番動揺しているのは母ですが、父が遺言のようにいつも言っていたこと「店の注文は断るな。店は閉めるな」の言葉を心の支えに、今日もお菓子屋を続けています。父が受けていた注文、敬老会のまんじゅうとお彼岸の菓子をやりとげてしまうつもりです。ですから店の準備もあり、母は毎朝八時頃にしか病院に来られないのですが、今日も看護師さんから「時間外はダメ」と注意を受け、会うことができませんでした。あの気丈な母が「少しくらい待ちます。ちょっとでもいいから、会わせてください」と言いながら涙を流して帰りました。

三日前、母が父に少し会えたことがありました。「お父さん、店は私がしよるき、はよ元気になって帰ってきちょくれ」と母が話しかけると、父の表情が変わりました。笑ったり目を開けたりするんです。母は七一歳で病気がちです。今はショックで、うつ状態のように見えます。面会時間の件、どうぞご配慮くださいますようにお願いします》

その日の夕方、上原先生がガラス張りのナースステーションからひょいと出て来てこう言った。

「お母さんのことですが、いつ来てもいいですよ。看護師はマニュアルどおりやってるから、心配かけちゃったね。看護師にはボクから話しました。気がつかなくてごめんね」

なんちゅうことはない。その日から母はいつでも父に会えるようになった。仁王様のようにICUの前に立ち、ダメダメと言っていた看護師が、「土谷さん、どーぞー」と対応が変わった。病院は学校と似ている。黙っていたら変わらない。言うたもん勝ち。

❇ありがたい医者の友人

意識がなくなったり、戻ったり、合併症で苦しんだり、不安定な状態を繰り返しながら三週間がたった。奇跡的にICUから脱出し、人工呼吸器もはずれ、四人部屋に移ったものの、タンがしょっちゅう詰まり、切開したノドからも吹き出している。付き添っている私も、ヘトヘトになってきた。

こんな時ありがたいのが友人。とくに医者と坊さんの友達には救われる。

藤富先生はお医者さん。私が代表をしている乳がん患者の会の顧問医で、大分県の緩和ケア運動のリーダー。五年前乳がんの手術をした病院で出会ったんだけど、いのちの危機のたびに支えてくださるんだ。点滴の管が急に増えたり、突然全部抜かれていたり、父の病状がどうなっているのかさっぱりわからず、パニックになった時も藤富先生にメールで相談をし、切り抜けた。上原先生にも電話をしてくれ、「私の大切な友人のお父様です。どうぞよろしく」とエールを送ってくれたっけ。見舞客が「ちょっとごめんなさい」と言いながら患者の瞼を開けたり、脈をはかったり、手足にさわって反応をチェックするのを、ＩＣＵの看護師は不思議そうに見ていたけれど、白衣を着なきゃ藤富先生もタダのおじさん。忙しい中を父に会いに来てくれ、家族の相談にのってくださったり、心強かったなぁ！

「山田さん、次つぎに大変なことが起きますね。でも、生きているってそういうもんですよ」

藤富先生はそう言って、微笑んだ。

❇ありがたい坊さんの友人

家に帰ると一枚のハガキが届いていた。

寝たきりの　目尻の涙　秋立ちぬ
人間の思いどおりにならない大宇宙の生理現象をホトケと言う。ホトケに　おまかせするしかありません。
無着成恭

泉福寺の住職・無着さんに電話したのは、手術直後の夜だった。頭蓋骨をパクンと割って、脳の動脈瘤にクリップをし出血を止めるという大手術だったせいか、父は頭や鼻、ノドからも出血し、見るも無惨な姿。「二四時間、持つかどうか……」と医師から告知を受け、病院で眠れない夜を過ごしていた時、わらをもつかむ気持ちで無着さんに電話したんだ。

「無着さん、こんな時、いったいどうしたらいいんですか？」

「それはね、おまかせするしかありません」

「誰にですか？」

「自然の法則にですよ。人は生まれ、そして死ぬという自然の法則にです。あなたはね、できるだけお父さんが痛まずに苦しまないようにと、願うの。永さんがいつもおっしゃっている南無阿弥陀仏ですよ」

ナムアミダブツ……ナムアミダブツ……そう唱えて長い夜を過ごしたっけ。無着さんがおっしゃる言葉は、仏さまがしゃべっているように聞こえる。すっきりして説得力があるんだ。体のピンチは医者へ。心のピンチはお坊さんへ。かかりつけのお坊さんってありがたい！

❇こんなところで卒業生と出会うなんて！

父が運ばれた救急病院は、家から車で三〇分のA市にある。ここに知り合いなんているハズがないと思っていたら、「あら、山ちゃん！」と声をかけられることが多い。相手の顔をじっと見ているうちに思い出すなつかしい人たち。

「山ちゃん、覚えてる？　小学校の頃、ぜんそくでよく保健室でお世話になりました。久美です！」

「中学の時、保健室に居座っていた文香で〜す」

と、廊下で看護師さんから呼び止められた。病棟担当の看護師が一〇数年前保健室で出会った子どもたちとはラッキー！

「この人、あたしの父なの。頼むね」

と言うと、「はい！」と元気いっぱい。笑顔はあの頃と同じだった。

昼食のコンテナを押しながら、マスクとエプロンにすっぽり包まれたおばさんが、目をウルウルさせて、近づいてきた。

「宏美が迷惑んじょうかけたんに、センセイにはようしてもろうて」

と、おばさんはいきなり泣く。二〇年前、警察と保健室を行ったり来たりしていた宏美ちゃんのお母さんだった。昼は病院、夜はホカ弁で働いているというので、「よう、がんばるなぁ。えらいちゃ」と言ったら、「センセイだけじゃ、あたしんことをいつもよく言うてくるんのは。宏美は離婚して戻ってくるんち。また二人で貧乏生活が始まるえ〜。困ったこっちゃ」と笑っていた。

「センセイ、できるときに親孝行しちゃってな」

ワルガキの母は、廊下ですれちがうたび声をかけてくれる。

❇ケアマネは昔、店でバイトの美奈ちゃん

なかなか意識が回復しない父だが、「いずれケアマネージャーに相談したほうがいいですよ」と医師から言われた。ちゅうことは、いのちは助かったんかいな?

さっそくこの手の話に詳しい友達に電話したら、ケアマネを紹介してくれた。翌日やってきたのは、黒柳徹子さんのようによくしゃべる中年のおばさんだった。そして母を見るなり、「おばちゃ〜ん!　あたし高校の頃、お菓子屋でバイトしていた美奈子です!　えっ〜!　あのおいちゃんが倒れたの?　おいちゃんの練ったアンコおいしかったんにぃ〜」とはじけるように話し始めた。

「あら、まあ、誰かと思うたら美奈ちゃんかぇ〜。そら良かった。介護保険のことはなんもわからんき教えちょくれ」

講演の前に父の店・つちや甘楽堂に寄ってくださった永さん。右が父と母。

と母と意気投合。久しぶりに母の笑顔を見た。

美奈ちゃんは、その場で市役所や病院に電話をかけまくり、あっと言う間に手続き終了。騒がしいけれど、顔が広くオシがきくタイプ。帰りぎわに「そうだ！」と立ち上がり、見せたいものがあるとバッグの中から一枚の写真を取りだした。

「私の叔父なの、五年前に脳出血で倒れて寝たきりだったけど、今はここまで回復しました」

車いすに乗って右手を高くあげた叔父さんは、家族に囲まれてこちらを見ていた。

「わぁ、お父さんもこげなってくれたらなぁ。うちも、希望をもたんと。それにしても泉、人の出会いちゃ不思議なもんじゃ。このご縁に感謝せんとなぁ」

母がしみじみと言った。

この町で生まれ、この町で生涯暮らしてきた父は、いろんな人に支えられて今を生きている。貧乏で食べていけず、子どもの頃からずっと働き続けたお父さん。一代で築きあげた〈つちや甘楽堂〉は弟子の呉藤クンが、母から怒られながらなんとかやってるよ。作ってしゃべって歌える昭和の町の名物じいさん、しばらくゆっくり休んでね！

32

心細くて泣いた、乳がんの再発

連載をしていた出版社のKさんから、病室に手紙が届いた。

《手術はつらかったでしょうね。私も手術をしたり、足を骨折したりしているので、ストレッチャーに乗せられて手術室へ入る時のあの嫌な気持ちは、しっかりとわかっています。でも、誰も代わってくれない、耐えるしかないんですよね。そして、時が癒《いや》してくれるのを待つしかないのですよね。（中略）連載、あと一回書いていただけないのは残念ですが、先生の健康第一です。どうぞ早く元気になってください》

五年検診で乳がんの再発が見つかり、左乳房を切除したのが一〇日前。笑うとまだ、胸の傷がズキンズキンと痛むのに、友人たちが次つぎにやってきて、おもしろい話をするので「うう〜っ」と涙がこぼれる。しゃべると胸がつっぱって呼吸も、ハアハア苦しくなる。しばらく面会謝絶にしようかなぁ？　でも、入院生活はたいくつだし……と思っていたところにタイミング良くKさんからの手紙が届いた。

出版業界の人の言葉は、不思議な魔力を持っている。読んでいるうちに、つい書きたくなるんだわ。さっそく病室にパソコンを持ち込んで、最終号の原稿を書かせていただくことにしたってわけ。

❇術後の痛みはめちゃしんどくて

Kさん、私の場合、ストレッチャーではなくスタコラ歩いて手術室へ行ったよ！

一一月二五日朝一〇時。「では、行きましょう！」と看護師さんが呼びに来たので、手術着にサッと着替えて、いつものように歩いてエレベーターに乗り、くねくねした廊下を進むと手術室への自動ドアが開いた。そこにはミドリムシのような手術着を着たスタッフが、デパート開店のご挨拶のように並び、笑顔でお迎え。ミドリムシたちが、「いらっしゃいませ！」じゃなくて「お名前と生年月日を言ってください」と言うので、「山田泉です。一九五九年三月二八日生まれです！」と、元気に答えた。

するとと不気味に次の自動ドアが開き、歩くとまた自動ドア。そこを右に曲がるとさらに自動ドアが開き、主治医が手術台のそばに立っていた。

「では、ここに上がってね。狭いから落ちないように」と言うので、自分でひょいと手術台に登った、と思ったら、あっという間に全身麻酔の注射。ミルク色の薬が点滴の中に入ったとたん腕がピリピリし……目が覚めたら、手術終了。左のおっぱいはすっかりなくなっていた。

術後の痛みは、めちゃしんどかったけど、今回はなんてったって再発。あとどのくらい生きられるのだろう？ と思うと心細くて、夜になるとベッドの上でぽろぽろ泣いたっけ。そんな時、届いた子どもたちからの手紙は、うれしかったなぁ！

❇卒業生二一人からのメッセージ

手術の三日前。二年前に卒業した美鈴ちゃんから、ケイタイにメールが入った。

「一一月二五日の夜、みんなで集まるから山ちゃんも来て〜」というお誘いだった。ウソをつくのも悪いかなと思い、「その日は手術だから行けないよ」とメールをしたら、ものすごい早さで高校生たちからメールが飛び込んできた。

「オレたちにできることがあったら、何でも言ってくれ」「まじっすか!?　でも、山さんにはオレたちがついてる。辛いことは一緒に抱えようや」「母さんと、会いに行きます」などなど。

バラバラになったはずの高校でどうやって色紙をまわしたのかわからないけど、美鈴ちゃんは二一名全員のメッセージを集めて、手術に間に合うように届けてくれた。

「今からちょうど二年前、山ちゃんとみんなでハンセン病の学習をしたことを思い出すよ。あの時の授業は、私にとっていちばんきらきらした時間だったよ。一緒にした授業の準備も手話教室も、保健室で話したことも覚えているよ。病気がよくなったらまた一緒に話そうね。中学の時と同じように、大好きだからね」

「元気になって、またみんなで花火をしましょう。待っています」

彼女たちは、卒業後も友達を誘って熊本県の菊池恵楓園に行き、交流を続けている。授業で出会った阿部智子さん（大分県出身のハンセン病回復者の方）は、子どもたちにとっても、私にとっても、頼りになるお母さんみたいな存在。山ちゃん流いのちの授業がきっかけで、子どもたちの出会いが広がっているなんて、うれしいじゃん！

そうそう、術後三日目、こんな手紙が届いた。県内の農業高校の養護教諭からだった。

❇子どもたちの成長を伝える手紙

《ご無沙汰しています。今年の四月よりY農業高校に赴任し、前任校の進学校とはあらゆる面で違いが多く、戸惑う日が続いていました。先日ふとしたことがきっかけで生徒と立ち話をしていた時、思いがけなく山田先生の話が出てきました。びっくり！　この時、T中学校出身の生徒たちがいることに気づきました。それから保健室に来た時にポツリポツリと中学校時代の話をしてくれるようになったのですが、新しい職場で仲間も少なく、心細かった私に元気づけるような話をたくさん聞かせてくれます。

山田先生が企画したたくさんの外部講師の方々との授業で、自分という人間や生きるということを真剣に考えたこと、何より「山ちゃん」との出会いは、人生においてものすごいインパクトを与えられる存在であったこと。「あの行動力は真似できん！　けど、学校が変わったし、ぼくら生徒も変わった。何かを変えようとするなら山ちゃんくらいのパワーがないといかん！　動く力がないとダメなんじゃ！」と目を輝かせて言っています。カズキくん、リュウタくん、ヒロシくん、タカアキくんです。私の心にグサリときます。「私もぼちぼち動かんと……」と思わせてくれる大切な生徒たちです。（中略）

先生がまいた種は子どもたちの心の中で、確実に芽を出し大きく成長しています。あちこちでそれらの花が咲いて、それぞれの場所で動き出しています。体力が回復したら子どもたちの活躍を見に来てください。それまでゆっくり休養し、私たちを見守ってくださいね。

小川》

もともとおもしろいことにはハマッテしまうタチなので、趣味（？）の性教育は一年間に各学年一六時間。卒業までの三年間に四八時間やるというサービス満点の保健室のおばさんだったが、がん患者になってからは、さらにまっしぐら。「いのちの授業」をテーマに、二年間に四〇名の外部講師に来ていただき、子どもたちの知恵を借りながら「生と性の学習」にチャレンジしてきた。

事前学習、現地学習、保健集会、事後学習……全部子どもたちと一緒に考えて、思い切りやってみたもんね。おかげで保健室は満員御礼で、生徒指導の先生から「おまえら、何しにきっちょんか～！」とよく怒られたけど、用事があるから来てるのサ。子どもとグルになって創った授業は宝物。楽しかった！

❇子どもたちからどっさり手紙

術後一週間が過ぎた。左乳房を全摘したため、左腕が上がりにくい。風が吹いても傷痕がズキンと痛い。毎日、リハビリに励み「イテェ、イテェ」と泣いていた頃、K中学校の子どもたちからどっさり手紙が届いた。昨年異動して一年間だけ勤めた学校。これからという時の再発だったので、子どもたちとのつき合いは短かったのに。保健室常連のワルガキのタイチ、プチ番長のサユリ、仏のリュウ、観音様のナミ……。みんな、待っててくれているみたい。

◑――山ちゃんが、保健室に来てくれて、オレはたくさん考え直すことがあった。昨年の最後の終了式の日に、山ちゃんはオレを一人保健室に呼んで、泣きながらこう言ったよね。『もしかしたらケンたちが卒業するまでに、戻れないかもしれない。あとのことは任せた』。今、その言葉の重さがやっとわかった。約束どおり、このことは誰にも言っていません。でも、早く戻って来い！（ケン）

◐――がんが再発したと聞き、とても悲しいです。山ちゃんの授業は、いろいろな人と出会わせてくれ、考えさせてくれたので強く心に残っています。でも、一番心に残っているのは、休み時間の雑談や一緒に喫茶店でコーヒーを飲んだこと。山ちゃんとのおしゃべりは、本当に楽しかった。一番好きな大人なんです。体調がよかったら卒業式に来てください。（サユリ）

◑――びっくりしました。ショックでした。あれから山ちゃんにずっと会っていなくて、さみしいです。でも、山ちゃんのおかげで昨年は一年間で、一生分（?）の出会いをし、いのちについて学習し、とても充実した一年でした。山ちゃんのがん体験のことから始まり、廣道さん、阿部さん、アレンさん、虎井さん、あきひろさんなどいろいろな人の授業を受け、人間から学ぶ授業でした。新しい発見でした。山ちゃんは絶対に戻ってくる！と僕は信じているので、その時まで待っています。（リュウ）

手紙を届けてくれた大田センセイと三上センセイは、あたしの悪友。今年も、「いのちの授業の続きだぁ〜！」と、全校生徒（と言っても五〇人）をバスで泉福寺へ運び、無着成恭さんの授業を受けに連れて行ったんだって。もちろん無着さんのお話は、子どもたちに大受け。あれは、本物の「いのち」のお話だもんね。

❇スーパーワルガキの泣かせるメール

明日は退院という日だった。四年前に卒業したスーパーワルガキ、カズと弟のトシが、お見舞いに来てくれた。手術もリハビリも自宅から車で一時間以上かかる別府の病院だったので、入院先はマル秘にしていたんだけど、ワルはカンがいい。探し出して会いに来た。まるでTVドラマ『野ブタ。をプロデュース』の亀梨クンと山下クンみたいに二人ともカッコイイ青年に成長していた。こーゆーのが来ると、病室がパアーッと明るくなる。一緒に写真を撮りまくって、はしゃいだ。

その日の夜、カズからメールが届いた。

《久しぶりに会えて楽しかったぜぃあの時のT中出身はみんな山ちゃんの最高傑作だと思っていいんやねんかな言い方わりいかもしれんけどオレたちはいつでもここにいるけん寂しくなったら目をつぶるんでそしたら、いつでも会えるぜぇカズより》

来週から、がんを叩く治療が始まる。ちょっとつらいけど、子どもたちからもらったパワーがある。ありがとう！　元気になったら会いに行くよ！

33

ありがとう、穴瀬先生

※一カ月前会ったばかりなのに

《見ましたよ！　NHKのテレビ（注・06年3月、生活ほっとモーニングがんサポートキャンペーン「手をつなごう患者と家族たち」に出演した）。あなたの生きる姿が、どんなに多くの人の励ましになっていることか。私も、あなたの活躍を楽しみにしている一人なんですよ》

国語の教師らしく、美しい発音でゆっくりと語る穴瀬先生。一カ月前、道でバッタリ会った時も、いつもと同じように穏やかな笑顔で声をかけてくださったのに。庭木の剪定《せんてい》中に、木から落ちて頭を打ち、そのまま亡くなったと聞いたときは、びっくりした。六七歳。尊敬していた教師が、また逝ってしまった。

✻一五年前、荒れた中学校で

穴瀬先生とは、一五年前、荒れたA中学校で出会った。当時、先生は生徒指導担当、私は、小学校の保健室から中学校に転任してきたばかりの新米の養護教諭。中学生ってどんな生きものなんだろう？　と思いながら保健室に行ってみると……いきなり金髪のでかい男の子が、「はらいてぇ。薬くれ！」と手を出した。

昨日まで一緒だったカワイイ小学生とぜんぜん違うじゃん！　こっ……こわい！　あたし、びびって、ビオフェルミンを渡す手がブルブルと震えた。

ワルガキたちは授業には出ず、校内をフラフラしながら、次々とハデに問題を起こし、学校と警察を行き来していた。トイレにはタバコの吸い殻がいっぱい。リンチでボコボコにされ保健室に運ばれる生徒、シンナーを吸って廊下に浮かんでる（？）生徒など、いろんなのがいた。一晩で学校のガラスが数十枚割られることもあったっけ。そーゆー学校の生徒指導というと、大声出してぶん殴って、親を呼び出してこらしめるパターンなのかな（？）と思っていたら、穴瀬先生はちょっと違っていた。

まず、四月の職員会議で、こんな提案をした。

「わたしたち教師は、生徒のことを、吉田！　とか、ヨウコ！　とか徳永！　などと呼び捨てにすることに慣れてしまっていますが、どうでしょうか。たとえば、吉田くん、ヨウコさん、徳永さん、と呼ぶことで、生徒に対する教師の意識が変わってくるのではないでしょうか。なんでも今まで通りにやるのではなく、小さなことでも新しく始めて、教師自身の感覚や価値観を常に問うてほしいと思います」

先生たちはキョトンとして聞いていたっけ。

❇ワケアリの子どもたちを守って

ある晩、夜中にワケアリのひかりちゃんが、家出してわが家にやってきた。

「一晩、うちで預かりましょうか?」と穴瀬先生に電話したら、

「ありがとうございます。もし、男子がやってきたら、私が預かるき、ひとまず家に入れて待っちょってください。夜中でも何時でもいいきな。電話しちょくれ」とおっしゃった。

数日後、シンナーでラリッタ三明くんがやってきた。さっそく穴瀬先生に電話したら、すっとんで迎えに来た。たしか夜中の二時頃だったな。翌日の朝、職員室の靴箱で穴瀬先生に会ったら、

「三明くんがお世話になりましたなぁ。しばらくうちで一緒に生活することにしたえー。今朝も、私が作ったみそ汁を一緒に食べたで」とニッコリ。

そんなことが何度かあり、深夜のかけこみ寺（?）を続けていたら、担任から、

「三明を夜中に預かったりするのは、本人にとって良くないですので、やめてください」と注意された。穴瀬先生に相談したら、担任とじっくり話をしてくれ、私には「今まで通り、よろしくお願いします」とおっしゃった。

バレタすべての事件に関わっていた吉田くんは、家が借金地獄だった。そのために小さい時から親と離れ、妹と二人で親戚に預けられ転々としたが、やっと母親と暮らせるようになっていた。吉田くんは、ワルの中でも大物だったので、ある時の会議で、吉田くんを施設に入れたほうがいいという意見が出た。会議に出ていた敦子先生は、今でもその時の自分の発言を恥ずかしいと言う。

「吉田くんを、施設に入れた方がいいと、私も賛成したんよ。あん時の私、まだ若くて何もわかっていなかったたちゃ。会議に出ていた教師は全員同じ意見だったのに、穴瀬先生はたった一人で反対したんよ。『彼を施設に送っても、何も問題は解決せん』って言った。たった一人で吉田くんを守ったんよ」

吉田くんはT中学校を卒業し、今は、すっかり大人になり、よく働くおじさんになっている。

✻はがされなかった標語

そうそう、こんなこともあった。放課後、保健部の子どもたちが集まり、標語を作っていたら、穴瀬先生がフラリとやってきて、「この標語、学校中に貼ろうえ」と言う。廊下はガムがくっつき、トイレはタバコ臭く、お菓子の袋がちらばっている学校。でも、本当はこんな学校にしたいんじゃ～、という気持ちを書いた子どもたちの声。穴瀬先生は、その標語をニコニコして見ていた。

翌日、いつものようにワルガキたちが数人、保健室のイスに座っていたら、ノコギリとベニア板をかかえた穴瀬先生がやって来た。

「おい、みんな、板を切ってくれんか。この大きさに切って、たくさん作ってくれんか」

授業に行かず、暇なワルガキたちは、「めんどくせー」「しかたねーなー」と言いながら穴瀬先生に教えてもらって、ノコギリをゴリゴリ引き、ヤスリをかけて、毎日、木の標語板を作った。字は習字のうまい生徒を、誰かが連れてきたので美しくできあがった。

掲示物は、ビリビリと破られるのがあたり前だったけど、ボンドをベッタリつけて、学校中のカベに貼った標語は誰もはがさなかったし、落書きもされなかった。

「こんなもんを貼ったら、貼り替えができん！　後が困る！」と、ブツブツ言っている先生もいたけど、穴瀬先生は、「思いついたことはなんでもやってみらんとなぁ。何もせんかったら、何もはじまらん」と、ニコニコ。ワルガキだって、自分が作ったもんには、いたずらせんわな。

❇どんな子どもにも「よう来た！」

そんな作業をやっていくうちに、保健室はすっかりワルガキのたまり場になった。さっそく、保護者から苦情の電話が入ってきた。

「うちの子が、具合が悪くなり保健室に行ったんですけど、保健室に入れなかったと言っています。保健室は、たまり場でいいんですか？」

困った私は、穴瀬先生に相談した。すぐに職員会議を開き、穴瀬先生はこんな提案をした。

「教師の休憩室をしばらくの間、教室に入れない子どもたちの学習の場所にしたいと思います。授業が空いている時間、教師がそこに行って、子どもたちに勉強を教えてください。三年部の教師は、特にお願いします」

と言って、居場所をもう一つ作った。ワルガキは、勉強は嫌い。でも、そこに行けば誰かがいるって場所が好きだったので、休憩室で教師たちとなごやかに交流（？）していたっけ。

茶髪に金のネックレス、制服はダボダボズボン、ドレスのような長いスカート。髪には真っ赤なでかいリボン……など、ドハデな格好をしてお昼頃にやってくる子どもたちを見て、隣りの小学校の教師がこんなことを言っていた。

「T中学校は、ざまあねえなぁ。穴瀬先生の生徒指導が、甘いんじゃねーの？」

どんな格好をして来ても、穴瀬先生は、まず「よう来た！」と子どもたちに声をかけていた。

「あの子たちを校門で帰しても、町の中をウロウロするだけ。学校にいたら給食くらいは食べられるっきなぁ」とも言っていた。そう言えば、ワルガキは、ほとんど休まず学校に来ていたっけ。誰かが休んだら、担任は家にすっとんで行き、「どーした？」と顔を見に行っていた。ワルガキに囲まれてボコボコにされた若い男性教師もいたけれど、彼は保健室でこう言った。

「オレは、殴られても手は出さんかった。あいつらも、いつかわかるよ」

彼は、ワルガキの担任じゃなく一年生の理科の先生。でも、自分からワルガキに近づいて話しかけたり、注意したり、一生懸命だったな。そんな先生の姿を見て、まわりの生徒は感動していた。

❇「穴瀬先生が支えてくれたから」

おばあちゃんと二人暮らしの賢治くんも、小さいときからワケアリの寂しい環境。新採用でピチピチの裕美先生は、賢治くんのことで暴力事件に巻き込まれ、心身共に傷つきヘトヘト。

「もう、生徒と関わるのが怖いんよ。これ以上、教師をやっていく自信がないんじゃ。辞める」

と、保健室で話してくれた。生徒に人気抜群の裕美先生だったので、もったいないと思い、夜、穴瀬先生に電話してこっそり話しちゃった。

「そりゃ、絶対やめたらいかん！　なんとかせな！」

と、怒っていた。穴瀬先生が、どーやって裕美先生を説得したかは知らないけれど、

「あの時、穴瀬先生が支えてくれたから、私は教師を続けることができたんじゃ」

と、後で聞いた。二児の母になった裕美先生は、今も英語の教師を続けている。

※敦子先生と裕美先生からの忠告

穴瀬先生のお葬式の後、久しぶりに敦子先生と裕美先生に会った。二人ともさらにたくましくなり、ベテランの頼りになるアネゴ！って感じだったな。

「ねー、最近、学校は、どう？」と尋ねたら、二人ともこう言った。

「山ちゃん、今の中学校には戻らん方がいいと思うよ。確かに子どもたちにとって、山ちゃんの授業がどんなに必要か、私たちにもよくわかる。でもなぁ、山ちゃんにとって、ものすごいストレスになるってのもわかるんじゃ。最近は、テストの回数もすごく増えてなぁ、学力を上げるために、テストの点を上げる競争が激しくなったんよ。どこの市の中学校が学力テストで何番かってことが新聞にのるたびに、教育委員会も校長も、点数を上げることに必死になってる。障害を持った子どもや不登校や低学力の子どもは、平均点を下げるから学力テストは受けんでいいって雰囲気が、学校の中にできあがってるんよ。そんな学校現場に山ちゃんが戻ったら、命を縮めてしまうちゃ。丈夫なこの私でさえ、自律神経の病気になって治療中なんよ」

そう言えば、穴瀬先生も数年前大腸がんになり、手術していたっけ。いのちの授業でいのちを縮めるなんてことになっちゃったりして！と思いつつ、穴瀬先生からいただいた手紙を、もう一度読んでみた。一〇年前、先生がA中学校の校長をしていた時に書いてくださった長～い手紙だ。

❇「復職」見守ってください

《遅まきながら本格的な梅雨に入ったようです。テレビを見ました。生徒もそうですが、何と言ってもあなたの授業は明るいところが魅力です。たくましい実践力に敬服の外ありません。こんなひたむきな情熱が、なかなか足元の教職員集団に広がっていかないもどかしさをお持ちのようですが、その気持ちは痛いほどよくわかります。生活指導サークルも国語サークルも大きな壁にぶつかっており、どうにもならない現実があります。（略）

しかし、自分がひきこまれない程度に、相手の土俵にも上がって話を聞いていくことで、なおしたたかな実践となって、広がりが出てくるにちがいありません。あせらず、がんばってください。あなたからいただいた保健だよりはずっと綴じ込んでいますが、もうずいぶんな重みになっています。必ず目を通しておりますから、これからも送ってください。よろしくお願いします。》

穴瀬先生、私、一〇月一日に復職してみるよ！　あせらず、がんばりすぎず、ちょっと保健室に戻ってみるので、見守っていてください。

二〇〇六年八月一〇日　お葬式の日に

あとがきに代えて

さようなら、退職します！

子どもたちには三学期が終わるまでマル秘ですが、保健室のおばさんをやめることにしました。「どうしてやめるのか？」ですって。

乳がん再発後、約一年間休職したあと、一〇月にめでたく（？）復職してみたものの、フルタイムで働くってしんどいんだわ。薬を飲むと吐き気がくるし、飲まないと不安だし、「まだやれる！」と思ったり、「もうムリ」と思ったり……。

人生の中で大きな決断をする時って、最後はカンよね。二度の手術で、体力も落ちたし（年のせいかもしれん）、家族（倒れたままの父）の介護も気になるし、今の学校現場で働き続ける気力は、もう長く続かないだろうと思ったから。

✻子どもたちのこと

子どもは、めっちゃおもしろかったです。「ねえ聞いて！　こんな子がいるの」と書き残したいような珍しい〝生き物〟がいっぱい。たとえば――

●――かおりちゃん

ツッパリなのに保健室登校。習字うまい。ピアノうまい。笑うとかわいい。でも、怒ると「ゴクドーの妻」に変身する。山ちゃんと交換日記をしながら、大人の悪口を吐き出している。こーゆー人に会うと、私はなぜか燃える！

●――さとみちゃん

一日中、保健室でぼーっとしている。この人にいま「努力」とか「目標」とか「生きる」とか言ってもいけません。と、思っていたのだが、保健室で勉強を始めたかおりちゃんの一生懸命な姿に刺激されてか（?）、「私もヤル！」とはじめの一歩を踏み出した。最近は目がキラキラ輝いている。

●――せいじくん

休み時間のたびに保健室にやってきてはしゃべりまくって、チャイムとともに教室に戻る。ややジャニーズ系。「山ちゃん、ムリしたらだめで」「山ちゃん、ぼくが手伝うちゃ」

先日、家に行ったら体育館のようにでかかった。退職したらビンボーになるので、時どき遊びに行って、ごはんでも食べさせてもらおうかと思っている。

●――イチローくん

毎日、髪が寝ぐせでハネている。「北朝鮮の核実験について、ボクが思うに、アメリカという国は……」と政治や戦争、環境問題を語れるワザを持っている。実に手ごたえのある坊ちゃん。せいじくんにくっついて常連。

◎——みゆきちゃん

先日、生徒会の役員に立候補するかどうか迷って相談にきた。「落ちたらどうしよう……」と。「あたしを見てみい〜、挫折だらけの人生じゃ。でもそーゆー人生の方がおもしろいで」と言ったら、出馬した。みごと当選。ごりっぱ！　最近は、「私はワタシ」と凛《りん》としていて、頼もしい。

◎——りょうこちゃん

「パパがねーっ」「ママがねーっ」とピンク色の声で、ぬいぐるみをだっこしてお話する人。最近、お父さんががんで、手術した。「誰にも言わないでね」と、放課後の保健室でじっと耐えていた。だいじょうぶ、あたしだって六年目を生きてるよ！

❇子どもたちと菊池恵楓園へ

三学期になると、山ちゃん、ラストスパート！　すぐに生徒会の役員を保健室に集めて、放課後の事前学習をスタートした。「人権学習に時間を取りすぎて、教科の進路が遅れては困ります」とおっしゃるセンセイたちの鋭い視線をスルリとかわし、子どもたちと約一カ月、ハンセン病学習にハマッタもんね！

そして二月の中旬、私たち（三人のおばさんセンセイと生徒会役員の子どもたち）は、菊池恵楓園へ一泊二日の旅に出た。

電車を乗り継ぐこと四時間、大好きな阿部智子さんと山ちゃん再会。ここで、二日間、子どもたちが何を見て、何を学んだのかは、感想文の一部を読んでください。

「人間というもののあらゆる顔」～みゆきちゃんの感想

《この二日間で私が学んだこと。それは、事前学習など資料を見るだけでは決して学ぶことのできなかったことです。その一つは人間というもののあらゆる顔です。何も知ろうとせず、周りの噂話や間違った情報に流されてしまうと、人はただの偏見や差別の塊《かたまり》になってしまう。そして気づかないうちに深く人を傷つけてしまう。それは、決して知らなかっただけではすまされない、とても重い罪です。しかし、阿部さんや志村さん、その他にも多くの人々がその中で必死に闘い、生き抜いてきたのです。そして、今もなお苦しんでおられながらも逃げようとせず、「裁判」という壁を乗り越えて、この問題に真っ正面から向き合っています。

人はこうまでも違ってくるのかと思いました。ただ、人間を演じているだけの人と、今、自分に何かを探し続けている人。これは、子どもの私たちにも置き換えられます。志村さんの言っていた、日頃を大切に生きるとはこのことではないでしょうか。

だから、毎日毎日を踏みしめながら、他とは違う私を探していきたい。そして、その大事なことを教えてくれた阿部さんや志村さんがずっと苦しんでいる、この問題を少しでもいいから誰かに伝え、次の世代へとずっと続いていく一歩を、このK中学校で踏み出せるように努力したいと思います。》

「人の心の弱さと強さ」～達彦くんの感想
《僕は、このハンセン病学習で人の心の強さや弱さを学びました。阿部さんや志村さんのように、自分をしっかり持って、一所懸命生きている人もいれば、何も知ろうとせず、周りの意見にとらわれて、いじめや差別をしてしまう人間もいる。そんな弱い心をもった人が変わらないと、差別はなくならないと思います。
でも、実際自分もそんな弱い心を持った人の中の一人です。周りの人の意見にすぐにとらわれてしまうし、自分の意見をなかなか言い出せないことが多い。でも、そんな自分を変えていきたいと思います。このハンセン病学習を通して、僕はそう考えるようになりました。
これからは、間違っていると思うことは勇気をもって注意し、人の気持ちを考えられるような優しい大人になりたいと思います。このハンセン病学習で学んだことを、忘れずに生きていきたい。

こんな学習ができて本当に良かった。山ちゃん、ありがとうございました。》
やっぱり子どもの感性は豊かだね！　テレビをつけると教育再生会議の委員さんが、「いじめる子どもの出席停止を」と言っているけれど、そうかなあ？　と思う。二八年間、保健室から見た学校には、出席停止したほうがいいような教師はけっこういたけど、子どもは、打てば響くすてきなパートナーだった。

みんな泣いた最後の授業

「突然ですが、保健室のおばさんをやめることにしました。半年間ありがとうございました」と、子どもたちに言ったのは、終了式直前の三月二四日だった。

「最後のいのちの授業」と黒板に書き、子どもたちの顔を見ると……「はぁ！?」と、びっくり仰天し固まっていたっけ。驚かしてごめんなさい。実はね、「そろそろ限界だなあ～」って二学期の終わり頃から、決めていたの。

目をぱちぱちさせて、私をじっと見つめている子どもたちに向かって、この半年を振り返りながら、話を続けた。

「私は一〇月二日にこの学校に戻ってきましたが、乳がんを再発し、死と向き合って生きてきた日々のことを話し、みなさん、私を助けてくださいと言いましたね」

「うん、一日八回笑うと体にいいいち、言いよったなあ」

「左手で重い荷物が持てないいち、言いよった」

「そうそう！　その通り。みんなは、毎日のように荷物を持ってくれ、いっぱい笑わせてくれました。おかげで半年間保健室の仕事ができました。ありがとうございました」

と、美しくおじぎをした後、授業に入った。

✻一三歳が語る「いのちの授業」

「今まで、いろんな方に教室に来て頂き、生と死をテーマに、その人の人生を語っていただきました。今日は、みなさんが講師の先生です。あなたにとって、いのちの授業って、何だったのでしょうか？　自分の言葉で、語ってみてください。最後は、『一三歳が語るいのちの授業』です。では、どうぞ！」

授業の内容は前日に予告していたので、準備はＯＫのはず。でも、子どもたちは固まったままウルウルしている。いきなり退職を告げた私も悪いけれど、そんなに泣くなってば！　机につっぷして号泣する祐輝くん、制服の袖で涙を拭き拭きうつむく健太郎くん。涙をぽろぽろ流しながら、じっと前をみるかおりちゃん。

りかちゃんが、前に出てきて静かに語り始めた。子どもたちが、どんな言葉で何を語ったか、少しだけ紹介して、この話を終わりにしよう。

「あなたにとって、いのちの授業とは何だった？」という私の問いかけに対して、子どもたちが、カードに書いた言葉は……。

「自分を変えるチャンスをつかむ授業」
「生きる意味を考える授業」
「自分自身を見つめなおす授業」
「自分、相手のスバラシサを知る授業」
「これから生きていく時に励みになる授業」
「生きるとか、死の授業」
「自分の心や考え方を変える授業」

「自分を見つめる授業」

などなど。そのカードを手に、みんなの前で一人ひとりが語る。

■たとえば、俊彦くん

「僕は、はじめ、いのちの授業なんかめっちゃめんどくさかったです。でも、山ちゃんが学校に戻ってきてくれ、一生懸命に生きている人、たくさんの人の人生の話を聞いて、どんなにつらいことでも逃げ出さずに、前を向いて生きている人がいることを知りました。この授業を受けるなかで、僕は自分の生き方や生活していく上での自分の考え方が大きく変わっていきました。今までは、友達や周りにいる人に対して、居てくれるのがあたりまえと思っていました。でも、この授業を受けた今、自分の友達やそばにいてくれる人に感謝して生きていこうと思うようになりました。山ちゃん、ありがとうございました。体を大切にして生きて……生きてください」

■あゆみちゃん

「私の父は病気で、入退院を繰り返しています。そのことで、私はずいぶん悩みました。でも、いのちの授業をする中で、私には父がいて、母がいて、妹がいるんだから、これからも一緒に暮らして助け合っていこうと思えるようになりました。生きているのがつらくても、あきらめない強さを

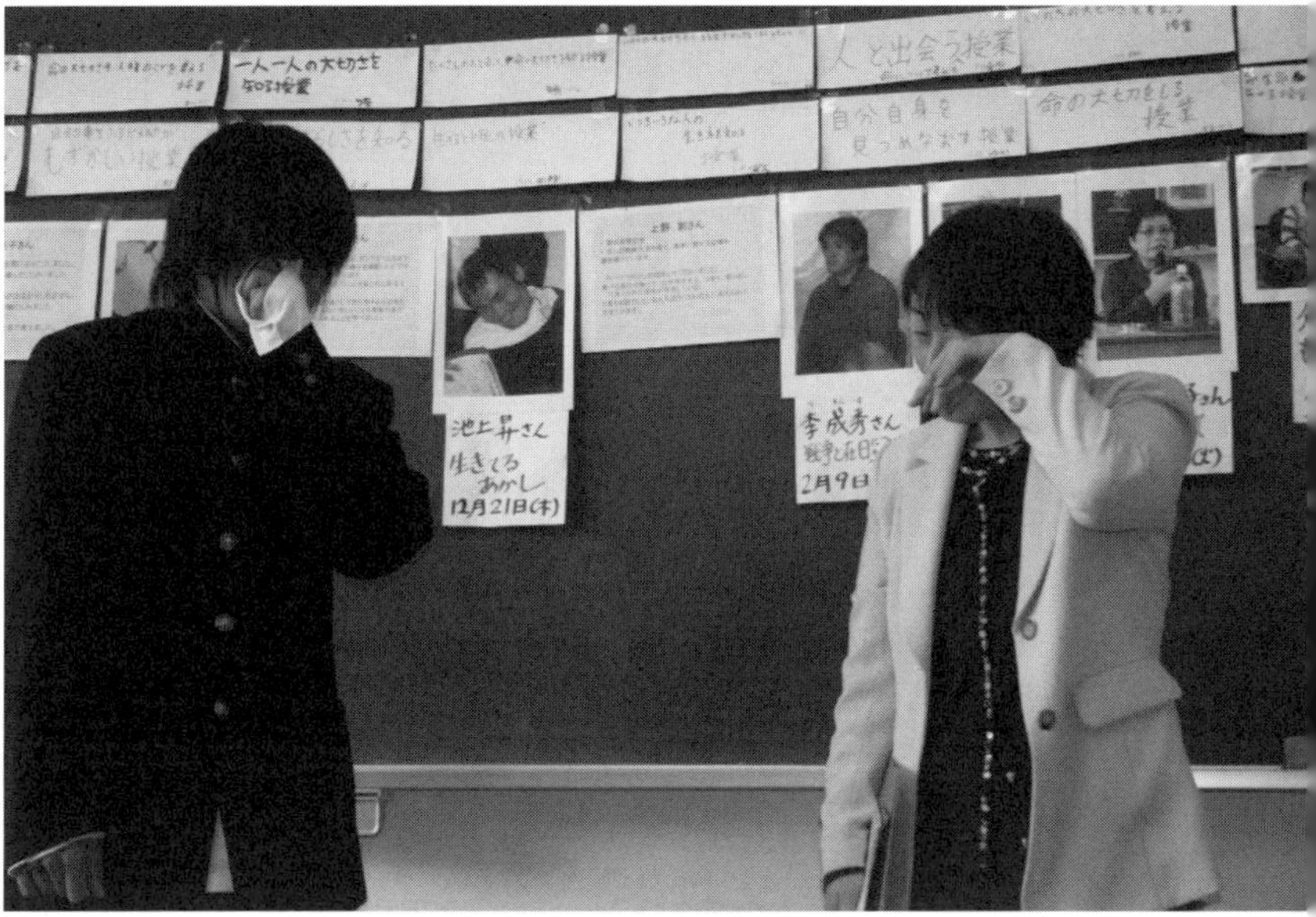

13歳が語るいのちの授業。聞いている山ちゃんも涙、涙。

学びました。いのちの授業で出会った人は、いろんな個性があり、自分らしく、強く、たくましく……生きるということを私の心に届けてくれました。新しい自分に成長できるよう、これからも努力しようと思います。山ちゃん、本当にありがとう」

■かおりちゃん

「いのちの授業をする前は、人と交流することもなく、人の生き方を知ることはありませんでした。でも、この授業を通して、いろんな人と出会う中で、いろんな生き方や考え方があるんだなあと思うようになりました。自分のやりたいことや自分の思いなどをもった人が多くて、みんな苦労をしているだろうけれど、今をしっかり生きていて、すごいなあと感じました。

授業の最後に「生きているということは」の詩を読む山ちゃん。

いのちの授業がなければ、きっと人生とか、生きる意味とか深く考えることはなかったと思います、私がいのちの授業で学んだことは、自分の意思を大切にすることです。このことを忘れずにこれからも生きていきたいです」

みんなの前で泣いたことのない人たちが、ぼろぼろ泣きながら語る。山ちゃんは、一人ひとりに言葉をかけながら、お別れの握手。チームを組んで一緒に取り組んでくれた担任の江藤先生とも握手。

授業の最後に、私は、詩を朗読した。

「今日は、すばらしいメッセージを聞かせてくれてありがとう。私、これで悔いなくやめられます。本当に楽しかった。最後にね、こんなふうに生きていきたいと、私がずっと、心の中で大切にしてきた詩を聞いてください。私が尊敬する永六輔さんの書いた詩です。

生きているということは
誰かに借りを作ること
生きていくということは
その借りを返していくこと
誰かに借りたら
誰かに返そう
誰かにそうしてもらったように
誰かにそうしてあげよう

みんなに出会えて、よかったよ！　これで、今年のいのちの授業を終わります。来年は新しい先生と一緒に続けてくださいね。では、さようなら！」
（祐輝くん、さらに号泣〜。俊彦くんと健ちゃんが祐輝くんの肩にそっと手をかけ、寄り添っていた。）

授業が終わり、保健室に戻った私は、全身の力がぬけて、ソファーにバタン。涙がソファーにぽとぽと落ちた。子どもたちとぶつかって、心がすれ違って、何度もめげたけれど、あきらめずに関わってきて良かったな。子どもを信じてやってきて良かった。

✻これからどうする?

「四月から何すんの?」と聞かれても、何も考えていません。映画観たい。片づけしたい。旅行したい。寝たきりの父の介護をしたい。ま、しばらくは、のんびり過ごして体を休めようっと。

〔附記〕この本は、一九九六年から二一年間書き続け、友人たちに送り届けた『保健室日記』と、それをもとに執筆した雑誌『ひとりから』（編集室　ふたりから）『草の根通信』（故松下竜一氏主宰／休刊）『季刊　セクシュアリティ』（エイデル研究所）『ジュ・パンス』（高文研／終刊）、さらに豊後高田人権・同和研究会で報告した「生と性を考える人権学習」の原稿を再構成し、書き下ろしも含めて編んだものです。登場人物は、一部を除いて、ほとんどを仮名にさせていただきました。

二一年間書き続けた保健室日記を、ダンボール箱に詰めてどかっ!と送ったら、高文研の金子さとみさんが、「山ちゃん、こういうのを丸投げって言うのよね」と言いながら、魔法使いサリーちゃん（古いか?）のように、私の文章を蘇らせ、あっという間に本にしあげてくださった。夢みたい！金子さん、ありがとうございました。

乳がんになったことも、再発したことも不運でしたが、人との出会いは、がんになってからどんどん広がりました。人は、泣いたぶんだけ幸せがやってくるのかな?

おもしろそうなことには、すぐに反応し、気づいたらまっしぐらに行動している私を、ハラハラしながら支えてくださった多くのみなさんに、心から感謝します。

最後に、今日まで私を見守り、助けてくれたパートナーの真ちゃん、ありがとう。

二〇〇七年四月一〇日

山田　泉

【初出一覧：タイトルナンバーで表示】Ⅰ章1、6、7、Ⅲ章15、16、Ⅳ章23、Ⅴ章28、29＝『ひとりから』／Ⅰ章5、Ⅳ章21、Ⅴ章26、27＝『草の根通信』／Ⅱ章12、13、14＝『季刊　セクシュアリティ』／Ⅵ章30、32＝『ジュ・パンス』／Ⅳ章22＝『生と性を考える人権学習』

山田　泉（やまだ・いずみ）

1959年大分県豊後高田市生まれ。1979年から養護教諭の仕事に就き、県内の７校の小・中学校に勤めた。2000年２月、乳がんを発症し休職。左乳房の温存手術後、放射線治療、ホルモン療法を受けた。2002年４月に復職し、自らの体験をもとに「いのちの授業」に取り組んでいたが、2005年11月に再発。再び手術を受け、休職。2006年10月に復職したが、体力の限界を感じ、2007年３月退職。“人間と性”教育研究協議会会員（豊後高田サークル代表）、オードリーの会（おおいた乳がん患者の会）代表。著著に『いのちの恩返し』（高文研）、共著に『ひとりぼっちじゃないよ——はじめての乳がんを生きるための知識とこころ』（木星舎）がある。2008年11月没。

「いのちの授業」をもう一度

●二〇〇七年　五　月二五日———第一刷発行
●二〇〇八年　二　月二二日———第五刷発行

著　者／山田　泉

発行所／株式会社　高文研
東京都千代田区猿楽町二—一—八
三恵ビル（〒一〇一＝〇〇六四）
電話　03＝3295＝3415
振替　00160＝6＝18956
http://www.koubunken.co.jp

組版／Web D（ウェブ・ディー）

印刷・製本／三省堂印刷株式会社

ISBN978-4-87498-384-3　C0037